PROJETO CIÊNCIA

VIDA E SUSTENTABILIDADE

Elian Alabi Lucci

Colaboradora
Eliana Volpiani Conquista

1.ª edição

ILUSTRAÇÕES
Paulo César Pereira

Copyright © Elian Alabi Lucci, 2014

COLEÇÃO PROJETO CIÊNCIA
Gerente editorial executivo: Rogério Carlos Gastaldo de Oliveira
Assistentes editoriais: Flávia Zambon, Amanda Lassak e Laura Vecchioli
Coordenação e produção editorial: Todotipo Editorial
Preparação de texto: Denise Góes
Revisão de texto: Cássia Land e Bárbara Prince
Pesquisa iconográfica: Cristina Akisino (coord.) / Tempo Composto
Produtor de arte: Elcyr Oliveira
Capa e diagramação: Rosa Design Gráfico
Produtor gráfico: Rogério Strelciuc
Ilustrações: Paulo César Pereira
Mapas: Mario Yoshida
Imagem de capa: Cerca de garrafas PET em depósito de coleta seletiva na ONG Associação Grupo Ambientalista de Palmeiras. Foto: Cesar Diniz/Pulsar Imagens
Suplemento de atividades: Elian Alabi Lucci e Eliana Volpiani Conquista
Ilustrações técnicas elaboradas pelo autor, sem escala e em cores-fantasia.
Impressão e acabamento: Meta Brasil

L967v
    Lucci, Elian Alabi
        Vida e sustentabilidade / Elian Alabi Lucci. — 1. ed. — São Paulo : Atual, 2014. — (Projeto Ciência).

    ISBN 978-85-357-1924-6

    1. Meio ambiente 2. Sustentabilidade. I. Título. II. Série.

14-15373   CDD: 577
                                   CDU: 502.1

Índices para catálogo sistemático:
1. Sustentabilidade   577
2. Meio Ambiente   577

4ª tiragem, 2019
CL: 810678
CAE: 576162

CIP-Brasil. Catalogação na Publicação
Sindicato Nacional dos Editores de Livros, RJ

Todas as citações de textos contidas neste livro estão de acordo com a legislação, tendo por fim único e exclusivo o ensino. Caso exista algum texto a respeito do qual seja necessária a inclusão de informação adicional, ficamos à disposição para o contato pertinente. Do mesmo modo, fizemos todos os esforços para identificar e localizar os titulares dos direitos sobre as imagens publicadas e estamos à disposição para suprir eventual omissão de crédito em futuras edições.

Direitos reservados à
SARAIVA Educação S.A.
Avenida das Nações Unidas, 7221 – Pinheiros
CEP 05425-902 – São Paulo – SP – Tel.: (0XX11) 4003-3061
atendimento@aticascipione.com.br
www.coletivoleitor.com.br

APRESENTAÇÃO

Vivemos uma época em que as ações humanas vêm provocando uma série de alterações no planeta, podendo comprometer a qualidade de vida no presente e até mesmo a continuidade dela no futuro. A intensidade da degradação das florestas (derrubadas e queimadas) e da emissão de gases poluentes na atmosfera, por exemplo, vem causando mudanças climáticas e um acelerado processo de desertificação.

Esta obra sugere "viajar" pelas diversas partes que constituem o nosso planeta, e das quais nós dependemos para desenvolver nossa vida, e conhecer como elas se apresentam para continuarem a nos sustentar em nossas necessidades.

Além dos processos naturais pelos quais a Terra se altera – como o vulcanismo, o tectonismo, os movimentos das placas continentais que "navegam" sobre o manto que se localiza abaixo de nossos pés –, a ação das pessoas em relação à sua conservação é bastante preocupante.

Assim, esta obra pretende mostrar como o ser humano pode ajudar a poupar o planeta para permitir que as novas gerações também possam usufruir de boas condições de sustentabilidade e viver satisfatoriamente com os recursos que a Terra nos disponibiliza.

O livro aponta, ainda, para o uso dos recursos naturais do planeta por meio do desenvolvimento sustentável, para que ele possa continuar por muito tempo a permitir a existência da vida em sua superfície. Sobretudo a humana, que vem sendo comprometida por uma nova onda de extinção em massa, evento que já aconteceu em várias outras eras da história geológica do planeta e quase pôs um fim à existência da vida.

Portanto, este livro é um convite para caminharmos juntos numa aventura que nos levará a conhecer melhor a Terra e adotar atitudes sustentáveis. Dessa forma, podemos colaborar para a continuidade da vida das gerações que virão depois de nós.

Elian Alabi Lucci

Para meus netos, João Pedro e Maria Eduarda.

SUMÁRIO

1 O INÍCIO DE TUDO — 5
A riqueza da vida na Terra — 5
Ameaças à vida na Terra — 7

2 OS IMPACTOS AMBIENTAIS: AQUECIMENTO GLOBAL — 13
O aquecimento global — 13

3 O BURACO NA CAMADA DE OZÔNIO — 21
O que está acontecendo com a camada de ozônio? — 23
O que é exatamente o buraco na camada de ozônio? — 25

4 O PAPEL DA ÁGUA NO CLIMA E NA VIDA DO PLANETA — 27
Água disponível — 28
Contaminação das águas no Brasil — 32
A degradação ambiental dos oceanos — 33

5 A VEGETAÇÃO E SEUS BENEFÍCIOS — 38
Desmatamento — 39
Consequências do desmatamento — 41

6 DESENVOLVIMENTO SUSTENTÁVEL — 44
Desenvolvimento sustentável: solo é vida — 44
Revolução tecnológica e problemas ambientais — 47

Folha da Ciência — 49
Festivais, filmes e documetários — 53
Links interessantes — 56
Bibliografia — 57

O INÍCIO DE TUDO

Muitas vezes, o desmatamento ocorre em razão do desenvolvimento agropecuário. Porém, as perdas para os seres humanos podem ser incalculáveis.

A DERRUBADA DE ÁRVORES NÃO É UM FENÔMENO CONTEMPORÂNEO. HÁ REGISTROS DESSAS AÇÕES JÁ NA MESOPOTÂMIA.

Desde que surgiram os primeiros seres vivos sobre a Terra, principalmente os humanos, o meio ambiente vem sendo transformado.

Para produzir os bens de que necessitavam para sobreviver, os seres humanos provocaram alterações em elementos que compõem o meio ambiente: o solo, a vegetação, os rios e oceanos, entre outros.

Para se ter ideia de como é antigo esse processo de alteração da natureza, que tem como objetivo principal proporcionar cada vez mais conforto aos seres humanos, estima-se que os primeiros registros de cortes de árvores em grande quantidade ocorreram há cerca de 4.700 anos. O responsável por esse fato teria sido o rei Gilgamesh, governante da Mesopotâmia (território onde se localiza o atual Iraque), uma das regiões onde surgiram as primeiras civilizações humanas.

Ele teria mandado destruir uma floresta na região de Uruk, à beira do rio Eufrates, para construir uma cidade em sua própria homenagem.

A riqueza da vida na Terra

A riqueza da vida na Terra é imensa, e os cientistas não sabem com exatidão quantos tipos de organismos vivos existem.

Já foram identificados e nomeados mais de 1,7 milhão de espécies no planeta. Os cientistas acreditam que ainda existam milhões delas para serem descobertas e catalogadas.

À grande variedade de espécies que compõem a teia da vida no planeta dá-se o nome de biodiversidade (*bio* = vida, *diversidade* = variedade).

O planeta Terra apresenta uma biodiversidade imensa.

Para haver vida, é necessária a junção das três esferas que compõem a Terra:

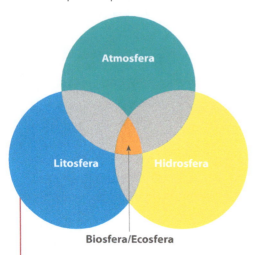

A superfície terrestre pode ser dividida em esferas que permitem o surgimento, o desenvolvimento e a sustentação da vida no planeta.

- **Hidrosfera:** corresponde à parte do planeta ocupada pela água. A hidrosfera é formada pelos oceanos e mares e também pelos rios, lagos e pelas geleiras, que cobrem mais de 70% da superfície terrestre.
- **Litosfera:** corresponde à camada exterior da Terra. A litosfera é composta de solo, minerais e três tipos de rochas: ígneas, metamórficas e sedimentares.
- **Atmosfera:** é a camada de gás que envolve a Terra. A atmosfera é composta de nitrogênio (78%), oxigênio (21%) e gás carbônico (0,03%), além de gases nobres e vapor de água.

O conjunto formado pelas três esferas e os seres vivos é o que constitui a **BIOSFERA**, espaço em que há vida na Terra.

> **BIOSFERA**
> Para conhecer um pouco mais sobre a biosfera, acesse:
> http://mdmat.mat.ufrgs.br/acqua/Textos/biosfera.htm
> Acesso em: 15 fev. 2017.

A biosfera reúne todos os ecossistemas do planeta, e a essa multiplicidade de espécies é dado o nome de biodiversidade.

A biodiversidade, porém, não é apenas a variedade de vida existente no planeta. Ela envolve toda a dinâmica que a multiplicidade de seres vivos promove ao nosso redor.

Biodiversidade é tudo o que os seres vivos são e fazem mais a soma das interações (ações e reações) com o meio ambiente em que vivem: clima, água, solo etc.

A fumaça expelida pelas indústrias polui o ar e provoca problemas respiratórios na população.

Com o desenvolvimento do processo de industrialização e o crescimento da população a partir do ano de 1750, a biodiversidade – ou a vida no planeta – passou a sofrer cada vez mais alterações. Isso se deve à grande quantidade de recursos que o ser humano foi retirando do meio ambiente para produzir bens destinados ao consumo e também ao descarte inadequado de grandes volumes de lixo e outros dejetos. Como consequência disso, verificou-se o aumento da poluição.

Esse problema cresceu ao longo dos séculos, até chegarmos aos dias de hoje, quando o planeta começa a apresentar sinais de esgotamento dos recursos e o desaparecimento de muitas espécies animais e vegetais.

A devastação visando lucros é uma prática comum. As leis ambientais não são respeitadas, e essa prática ocorre de maneira indiscriminada.

O planeta nos dias de hoje

Filmes, documentários, tiras e charges publicadas em jornais e revistas alertam constantemente para os graves perigos aos quais a humanidade está exposta, no que se refere às alterações na biodiversidade e à pressão cada vez maior por mais bens de consumo.

No final desta obra, é apresentada uma lista com diversos filmes sobre o tema, assim como *sites* e algumas reproduções de matérias que saíram na mídia.

Nas últimas décadas, especialmente desde o fim do século passado, os meios de comunicação assumiram um importante papel de conscientização da população dos reais problemas ambientais enfrentados pelo planeta. Com ajuda de organizações não governamentais e órgãos do governo, diariamente podemos nos informar sobre o assunto.

Ameaças à vida na Terra

Os cientistas costumam dizer que o ser humano só muda suas atitudes quando está à beira da catástrofe. Você sabe qual é a grande catástrofe que está ameaçando a nossa civilização? É uma nova onda de extinção da vida, como já aconteceu algumas vezes na história da Terra, em seus cerca de 4,5 bilhões de anos. Conhecendo a sua história geológica, pode-se saber quando ocorreram as outras ondas de extinção que afetaram o planeta.

Observe a ilustração da página 9, que mostra as etapas da história geológica do nosso planeta.

Ondas de extinção em massa mais recentes

Conforme afirmamos anteriormente, no desenrolar de sua história geológica, a Terra sofreu várias ondas de extinção. Atualmente, vive a sexta grande onda de extinção em massa.

A onda anterior é bem conhecida. Deu-se há aproximadamente 65 milhões de anos, quando desapareceram os **DINOSSAUROS**, abrindo espaço para o domínio dos mamíferos.

E você sabe o que causou essa extinção?

Ela teria sido provocada por um fenômeno natural: a queda de um asteroide sobre a Terra.

E hoje, o que ou quem provoca essa nova onda de extinção na história do planeta?

Nós: os seres humanos, com as más ações contra a natureza, que sustenta a vida no planeta.

DINOSSAUROS

Para conhecer um pouco mais a história dos dinossauros, visite o *link*:
www.ciencia-online.net/2012/12/uma-breve-historia-dos-dinossauros.html
Acesso em: 15 fev. 2017.

BIODIVERSIDADE X BIOPIRATARIA

Basta visitar uma farmácia para verificar como a natureza, em especial a biodiversidade, está presente na medicina. Mais de 40% dos remédios usados pela população em geral contêm componentes derivados de substâncias do mundo natural: animal, vegetal ou mineral.

A biodiversidade é um recurso natural muito valorizado economicamente. No Brasil, por exemplo, a riqueza da fauna e da flora atrai a indústria, em especial a farmacêutica, que movimenta muito dinheiro em busca de novas drogas. Todos os anos, milhões de dólares são investidos em pesquisas que usam plantas e animais (como veneno de cobras, aranhas e sapos) para fabricar medicamentos e produtos de beleza.

Por causa disso, uma das maiores preocupações do governo brasileiro é com a chamada biopirataria, que é a exploração, exportação e comercialização ilegal da fauna e da flora de um país. Em outras palavras, trata-se do roubo de recursos naturais, retirados irregularmente e levados para o exterior como matéria-prima para manipulação industrial. Muitas vezes, esse material volta ao país de origem na forma de produtos cosméticos e dermatológicos caros e inacessíveis à maior parte da população.

A indústria utiliza plantas para produzir medicamentos e cosméticos.

Eras geológicas da Terra

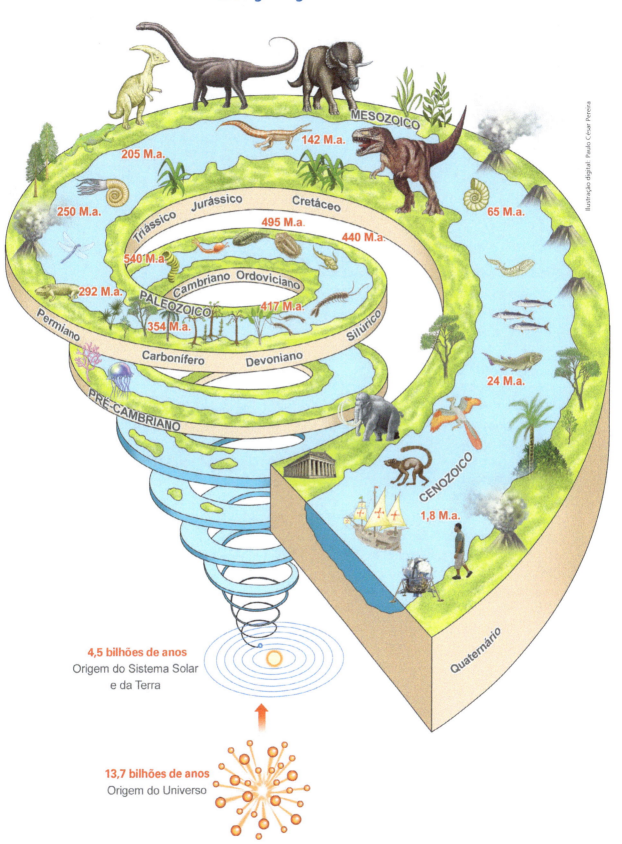

Uma das teorias sobre a extinção dos dinossauros indica que eles podem ter desaparecido por causa da queda de um asteroide na Terra.

Você sabia?

Ondas de extinção

A Terra já passou por cinco ondas de extinção em massa, ou seja, períodos em que se verificou o desaparecimento de espécies inteiras da fauna e da flora do planeta. De acordo com os biólogos, a extinção é um processo constante – ao mesmo tempo que algumas espécies deixam de existir, outras são descobertas – e faz parte da seleção natural. As quatro primeiras ondas de extinção ocorreram há milhões de anos e foram causadas principalmente pelo aquecimento ou resfriamento natural da Terra. O quinto episódio ocorreu há cerca de 65 milhões de anos e teria sido responsável pela extinção de 76% das espécies, inclusive os dinossauros, após o choque de um asteroide contra o planeta.

600 milhões de anos atrás
Explosão da vida animal no período Cambriano. Surge enorme diversidade de espécies.

435 milhões de anos atrás
Onda de extinção no período Ordoviciano. Eliminação de plantas terrestres e formas de vida marinha.

345 milhões de anos atrás
Onda de extinção no período Devoniano. Eliminação de muitos invertebrados, peixes primitivos e flora marinha.

250 milhões de anos atrás
Onda de extinção no período Permiano. Eliminação de grupos inteiros de animais, principalmente grandes répteis.

195 milhões de anos atrás
Onda de extinção no período Triássico. Eliminação de alguns tipos de dinossauros.

65 milhões de anos atrás
Onda de extinção do período Cretáceo. Eliminação dos dinossauros e répteis marinhos e voadores.

Adaptado de: Instituto de Ciências Biológicas da Universidade Federal de Minas Gerais.

BIODIVERSIDADE: TER, SÓ, NÃO BASTA

Monocultura de cana-de-açúcar em Sorriso (MT), 2014. O plantio de uma única espécie empobrece o solo, além de reduzir a biodiversidade.

Qualquer país que queira buscar seu desenvolvimento econômico nesse mundo globalizado e dominado pela ideologia neoliberal deve entender que uma mudança de paradigma está ocorrendo na economia internacional. Quem não se adaptar rápido estará provavelmente fadado a mais uma era de subdesenvolvimento. Os ventos ascendentes sopram para aqueles que se concentram no conhecimento e não em seus recursos naturais para atingir objetivos desenvolvimentistas. Os setores mais dinâmicos da economia mundial são os que utilizam o conhecimento intensamente: biotecnologia, informática, mercado financeiro e comunicações. Com baixíssimo uso de recursos naturais, são os que mais crescem entre as nações industrializadas.

Parece claro, portanto, que qualquer país que queira se tornar desenvolvido tem de procurar o caminho para tornar-se rico em conhecimento, como aconteceu com os chamados Tigres Asiáticos, países que tiveram um crescimento extraordinário nas últimas décadas pela formação de capital humano e exportação de produtos ricos em conhecimento, como os eletrônicos. Já boa parte da América Latina e da África continua insistindo em basear seu crescimento econômico na utilização e destruição dos recursos naturais. O Brasil, junto com a Colômbia, o México e a Indonésia, é um recordista de biodiversidade. Possui o maior número de espécies do mundo, inclusive o maior número de angiospermas e anfíbios, o segundo maior número de mamíferos e o terceiro de aves. Além disso, a maioria das espécies é endêmica. Quer dizer que só são encontradas em nosso país. Entretanto, toda essa biodiversidade vem sendo exterminada ao longo da história.

Desde o começo da colonização, quase sempre se optou pela exploração de um recurso até seu esgotamento ou, alternativamente, pela troca de toda uma biodiversidade por monoculturas – geralmente com espécies exóticas. A exploração, até o esgotamento, do pau-brasil, do mogno, da virola, dos jacarés, ou os ciclos econômicos de substituição de ecossistemas nativos por monoculturas, como a da cana-de-açúcar, do café, da soja, são exemplos de políticas de desenvolvimento inimigas mortais da biodiversidade.

O pulo para um futuro melhor, portanto, pode estar numa política desenvolvimentista que combine conhecimento com biodiversidade. Se explorar não dá muito certo, quem sabe conhecer dará?

Adaptado de: PÁDUA, Claudio Valladares. Biodiversidade: ter, só, não basta. Disponível em: <http://site-antigo.socioambiental.org/website/parabolicas/edicoes/edicao27/reportag/biodiver.html>. Acesso em: 15 fev. 2017.

A MAIS ACELERADA EXTINÇÃO EM MASSA DA HISTÓRIA DA TERRA

Cientistas acreditam que estamos em meio a uma grande onda de extinção em massa, até mais acelerada do que o colapso ocorrido quando os dinossauros desapareceram, há cerca de 65 milhões de anos.

Sete entre dez biólogos acreditam que o mundo esteja hoje em meio à mais acelerada extinção em massa de seres vivos nos 4,5 bilhões de anos da história do planeta, de acordo com a pesquisa realizada pelo Museu Americano de História Natural e pela empresa Louis Harris.

Isso a torna até mais acelerada do que o colapso ocorrido quando os dinossauros desapareceram, há cerca de 65 milhões de anos. Diferentemente desta e de outras extinções em massa do passado pré-humano, a atual é causada pela atividade humana e não por fenômenos naturais.

Os cientistas consultados classificam a perda da biodiversidade como um problema ambiental mais grave que a destruição da camada de ozônio, o aquecimento global ou a poluição e a contaminação. A maioria (70%) revelou acreditar que nos próximos 30 anos, até um quinto de todas as espécies vivas hoje estará extinto, e um terço dos consultados considerou que metade das espécies da Terra estará morta no mesmo período.

"Essa pesquisa é um alerta dramático às pessoas, governos e instituições sobre a ameaça descomunal que estamos enfrentando, não apenas à saúde do planeta, mas também ao bem-estar e sobrevivência da própria humanidade", comentou a presidente do Museu de História Natural, Ellen V. Futter.

As comparações revelaram que "a população em geral é relativamente desinformada quanto à perda das espécies e às ameaças que ela representa", declarou a porta-voz do museu, Elizabeth Chapman. A pesquisa também constatou que "embora os professores de Ciências tenham uma consciência mais clara do que a população em geral a respeito da dimensão da crise da biodiversidade, mais de 50% deles não acreditam que estejamos em meio a uma extinção em massa, e apenas 38% se consideram familiarizados com o conceito de biodiversidade".

"A maioria dos cientistas acha que a ameaça da crise da biodiversidade é subestimada por quase todos os segmentos da sociedade". Tanto os especialistas científicos como os professores de Ciências admitiram que eles próprios são parte do problema de comunicação: 70% dos cientistas e 67% dos professores declararam não ter divulgado adequadamente informações sobre as consequências da crise da biodiversidade. "Não sei de nenhuma geração de cientistas que tenha se defrontado com um desafio maior do que o atual", comentou Michael J. Novacek, diretor científico do museu.

Adaptado de: AYRES, Ed. A mais acelerada extinção em massa da história da Terra. Disponível em: <www.wwiuma.org.br/ext_emmassa.htm>. Acesso em: 15 fev. 2017.

OS IMPACTOS AMBIENTAIS: AQUECIMENTO GLOBAL

2

Peixes mortos na lagoa Rodrigo de Freitas, no Rio de Janeiro (RJ), 2013.

CRESCIMENTO DESORDENADO DAS CIDADES E INDUSTRIALIZAÇÃO ESTÃO ENTRE AS CAUSAS DA POLUIÇÃO DAS ÁGUAS.

A interferência do ser humano na natureza causa o que os cientistas chamam de *impacto ambiental*, ou seja, uma brusca mudança no meio ambiente. Esse impacto, por sua vez, provoca um desequilíbrio nas relações dos seres vivos com os elementos da natureza que dão suporte à vida.

Como vimos no capítulo anterior, o choque de um asteroide pode ter motivado o desaparecimento dos dinossauros da Terra. Portanto, alterações podem ser resultado de acidentes naturais, como a ocorrência de um terremoto, a erupção de um vulcão, o choque de meteoritos contra a superfície da Terra, entre outros. Todavia, podem também, como ocorre nos dias atuais, ser causadas pela ação humana. Impactos ambientais, como o aquecimento global, a poluição das águas, a destruição da cobertura vegetal e dos solos, estão diretamente ligados à atividade humana.

O aquecimento global

Uma das maiores preocupações da humanidade, atualmente, é o fato de a Terra estar se aquecendo em um ritmo bastante acelerado, isto é, a temperatura global está aumentando progressivamente. Isso traz sérias consequências não só para a população do planeta, mas para toda a natureza ou meio ambiente. É por esse motivo que a expressão "aquecimento global" está cada vez mais em evidência nos meios de comunicação, como rádio, televisão, internet, jornais e revistas. Com frequência, relatórios são divulgados, e livros e revistas publicados por pesquisadores e instituições que estudam e tratam desse assunto.

Mudanças climáticas severas, das quais o ser humano ainda não conhece ao certo as causas e

Todos os seres vivos sofrem os efeitos do aquecimento global. Este urso, ilhado numa calota de gelo em consequência do derretimento da neve, não terá condições de sobreviver.

sobre as quais não pode fazer nenhuma previsão exata, vêm provocando temporais arrasadores, secas prolongadas, elevação do nível das águas nos oceanos, furacões cada vez mais intensos e muitos outros tipos de desastres naturais que causam grandes prejuízos à população do planeta e aos países onde ocorrem.

O impacto ambiental verificado pela alteração das temperaturas do planeta tem consequências sociais muito graves, fazendo surgir um novo tipo de refugiado, pessoas que deixam sua terra em busca de outra mais segura. Por isso, o número de "refugiados climáticos" aumenta cada vez mais (veja boxe da página 15).

Mas você sabe o que provoca o aquecimento global?

Entre os fatores responsáveis por esse fenômeno, destaca-se a alta concentração dos gases de efeito estufa na atmosfera. Dois desses gases são o dióxido de carbono (CO_2) e o metano (CH_4), resultantes da queima de combustíveis como carvão e petróleo e da realização de queimadas, feitas para baratear os custos do plantio. Curiosamente, o metano também é produzido pela flatulência do gado bovino.

A Terra recebe raios solares, que durante um período aquecem o planeta e depois são devolvidos à atmosfera. Os gases de efeito estufa retêm parte da radiação refletida pela superfície terrestre, provocando o fenômeno chamado *efeito estufa*.

MUDANÇAS CLIMÁTICAS DEVEM FORÇAR A MIGRAÇÃO DE MILHÕES DE PESSOAS

As fortes chuvas que atingiram a região serrana do Rio de Janeiro no início de 2011 causaram centenas de mortes e deixaram milhares de pessoas desabrigadas. Na foto, estragos causados em Teresópolis.

Com uma população mundial de 7,2 bilhões (dado de 2014), o impacto de todas essas pessoas sobre o meio ambiente atinge níveis sem precedentes. Um dos principais reflexos desse impacto que o ser humano deve sentir nas próximas décadas é a migração forçada por causa das mudanças climáticas.

O aumento de eventos como furacões, secas extremas, enchentes em regiões costeiras e em várzeas de rios, deslizamentos de encostas, entre outros, vai obrigar milhares de pessoas a deixar o local que habitam.

A extensão do fenômeno ainda é difícil de avaliar – as estimativas variam entre 25 milhões e 1 bilhão de "deslocados" até 2050, segundo levantou o pesquisador Oli Brown em livro sobre o tema, publicado pela Organização Internacional de Migração.

O professor Norman Myers, da Universidade Oxford, no Reino Unido, formulou um dos números mais aceitos em publicações a respeito. Ele estimou que até 2050 existirão no mundo cerca de 200 milhões de migrantes do clima.

O fenômeno é tema de artigo publicado na edição atual da revista *Science*, que alerta que, com um aumento de temperatura entre 2 e 4 graus, conforme a estimativa do Painel Intergovernamental de Mudanças Climáticas (IPCC, na sigla em inglês) da ONU, a remoção de populações será "inevitável em algumas regiões do mundo", já que haverá "mudanças dramáticas na disponibilidade de água, nos ecossistemas, na produtividade rural, no risco de desastres e no nível do mar".

O número é alto, considerando que representa cerca de dez vezes o total de todas as populações refugiadas ou deslocadas registradas atualmente. Significa ainda que, naquele ano, uma em cada 45 pessoas no mundo terá sido forçada a deixar o lugar onde vive por causa dos fenômenos climáticos.

Adaptado de: BARBOSA, Dennis; BUARQUE, Daniel. Mudanças climáticas devem forçar a migração de milhões de pessoas. Disponível em: <http://g1.globo.com/mundo/noticia/2011/10/mudancas-climaticas-devem-forcar-migracao-de-milhoes-de-pessoas.html>. Acesso em: 15 fev. 2017.

O efeito desses gases, quando estão em grande quantidade na atmosfera, pode ser comparado ao aquecimento que ocorre no interior de um carro completamente fechado e deixado sob o Sol. Os raios solares atravessam os vidros do carro, provocando o aumento da temperatura no interior do veículo. Os vidros do carro deixam os raios solares entrar, mas impedem a saída do calor. Assim é a alta concentração de dióxido de carbono e de gás metano na atmosfera: permite que os raios do Sol cheguem à superfície da Terra, mas retém parte considerável do calor que deveria ser devolvido ao espaço. Isso provoca aquecimento próximo à superfície do planeta, tornando as temperaturas cada vez mais altas.

O efeito estufa é benéfico, pois é ele que garante condições essenciais na superfície do planeta com as temperaturas normais para o desenvolvimento da vida. A situação torna-se problemática quando essas temperaturas aumentam – ou diminuem – muito, alterando os ambientes e as condições para o desenvolvimento dos seres vivos.

Diante da gravidade da situação e preocupados com as alterações das condições atmosféricas e climáticas, cientistas (especialmente os climatologistas) e governos estão unindo esforços a fim de tentar compreender melhor as mudanças climáticas e suas causas para, assim, buscar soluções para os problemas acarretados por elas.

Com o objetivo de entender melhor o aquecimento global, a Organização das Nações Unidas (ONU) criou, em 1968, o IPCC, sigla em inglês para Painel Intergovernamental de Mudanças Climáticas. A partir de 1990, o IPCC passou a produzir relatórios sobre o impacto da elevação das temperaturas nos seres vivos e na sociedade.

Em reuniões mais recentes, o IPCC confirmou aquilo que já se sabia há muito tempo: o grande responsável por essa nova onda de extinção da vida no planeta não é de ordem natural ou geográfica, mas sim a ação antrópica, isto é, a ação

Terra seca no açude Cocorobó, em Canudos (BA), 2013. Nas regiões com histórico de seca, o período agora se apresenta mais prolongado, castigando a população com a escassez de chuvas.

do ser humano, que, se continuar assim, poderá comprometer a manutenção do meio ambiente.

Em dezembro de 2010, durante encontro da entidade em Cancún, no México, o IPCC criou um "Fundo Verde" a fim de permitir que os países em desenvolvimento recebam recursos oriundos das nações desenvolvidas para produzir novas tecnologias que possibilitem reduzir a emissão de gases de efeito estufa. Nessa reunião, também ficou estabelecido um mecanismo denominado Redução de Emissões por Desmatamento e Degradação Florestal (REDD, do inglês Reducing Emissions from Deforestation and Forest Degradation), bastante relevante para países com extensas florestas, como o Brasil. Por meio dele, é possível haver compensação financeira para quem preservar suas matas.

Em 2013, em outro encontro do IPCC, a entidade apresentou novos dados que demonstram o processo acelerado do aquecimento global. Na avaliação dos cientistas reunidos em Varsóvia, na Polônia, a atmosfera e os oceanos estão esquentando cada vez mais. Com isso, a quantidade de neve e gelo tem diminuído e o nível médio do mar, se elevado. Outra grande preocupação foi com a quantidade de gases de efeito estufa, que, segundo os pesquisadores, apresentou significativo aumento.

Observe o mapa a seguir.

> O **PAINEL INTERGOVERNAMENTAL DE MUDANÇAS CLIMÁTICAS** é um órgão da ONU que trata de problemas ambientais.

> **IPCC**
> Para conhecer um pouco mais as atividades do IPCC, acesse: http://cienciahoje.uol.com.br/noticias/2014/04/ipcc-entre-a-ciencia-de-ponta-e-a-inercia-politica
> Acesso em: 15 fev. 2017.

Aumento da temperatura por região do planeta entre 1901 e 2012 (em °C)

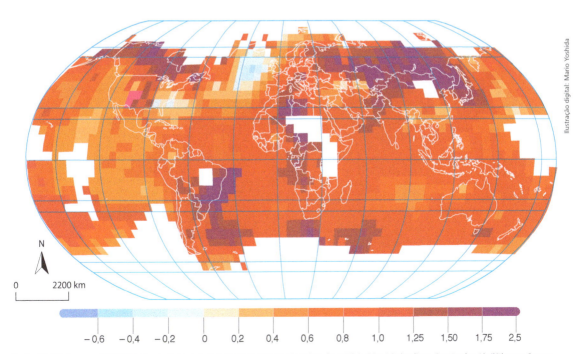

Fonte: KAHN, Suzana; AZEVEDO, Tasso. *A nova realidade da mudança climática*: do IPCC à COP-19 do clima. São Paulo: Abril/Planeta Sustentável, 2013. Disponível em: <http://planetasustentavel.abril.com.br/pdf/nova-realidade-mudanca-climatica.pdf>. Acesso em: 15 fev. 2017.

Você sabia?

O que é Convenção do Clima?

É uma reunião anual da Organização das Nações Unidas (ONU) na qual os países-membros discutem as questões mais importantes sobre mudanças climáticas. A primeira Convenção do Clima aconteceu em 1992. O nome oficial do evento é Convenção-Quadro das Nações Unidas sobre Mudanças do Clima (UNFCCC, na sigla em inglês).

O que é Protocolo de Kyoto?

É o único tratado internacional que estipula reduções obrigatórias de emissão de gases causadores do efeito estufa. O documento foi ratificado por 168 países. Os Estados Unidos, maiores emissores mundiais, e a Austrália não fazem parte do acordo.

Adaptado de: WWF-Brasil. Disponível em: <wwf.org.br/natureza_brasileira/reducao_de_impactos2/clima/mudancas_climaticas2>. Acesso em: 15 fev. 2017.

O Brasil e o aquecimento global

Qual é a posição do Brasil no quadro dos países que mais poluem a atmosfera?

MAIORES EMISSORES DE GASES DE EFEITO ESTUFA	
1º	China
2º	Estados Unidos
3º	União Europeia
4º	Brasil

Fonte: Instituto de Pesquisa Ambiental da Amazônia (Ipam). Disponível em: <www.ipam.org.br/saiba-mais/abc/mudancaspergunta/Quem-sao-os-grandes-emissores-de-gases-de-efeito-estufa-/16/7>. Acesso em: 15 fev. 2017.

Esse dado apresenta controvérsias. Para alguns cientistas, o Brasil ocuparia o 5º lugar; outros, como os pesquisadores do Instituto de

Amazônia
- Diminuição do nível dos rios
- Secas mais frequentes e mais intensas
- Queimadas mais severas

Pantanal
- Secas mais fortes, prejudicando o ciclo da água
- Diminuição da biodiversidade

Centro-Oeste
- Cultivo da soja prejudicado pela seca
- Aumento das pragas nas plantações
- Estiagem prejudicando a geração da energia elétrica

Sul
- Ocorrência de furacões, como o Catarina
- Aumento de temporais
- Aumento na frequência de noites quentes

Impacto do aquecimento no Brasil

Fonte: Agência de Notícias dos Direitos da Infância (Andi) e Revista *Época*.

Pesquisa Ambiental da Amazônia (Ipam), colocam o país na 4ª posição. Comparando o nosso país com os demais, no que diz respeito à emissão de gases de efeito estufa, a contribuição do Brasil está mais relacionada ao mau uso de terras e de florestas do que à queima de combustíveis fósseis, como ocorre em nações desenvolvidas.

Assim, é o desmatamento – quando realizado de forma não sustentável, por meio de queimadas, por exemplo – que faz do Brasil um dos principais emissores de gases de efeito estufa do mundo.

Você sabia?

Gases de efeito estufa

Os gases de efeito estufa fazem parte da atmosfera. De acordo com o IPCC, seis gases são causadores do efeito estufa: dióxido de carbono (CO_2), metano (CH_4), óxido nitroso (N_2O), clorofluorcarbonetos (CFCs), hidrofluorcarbonetos (HFCs) e hexafluoreto de enxofre (SF_6). Dentre eles, o dióxido de carbono seria o principal culpado pelo aquecimento global.

Segundo a cartilha *Herança global: as mudanças que o aquecimento reserva*, de autoria da jornalista Júlia Antunes Lourenço e divulgada pelo Instituto Carbono Brasil, cerca de 75% das emissões de gases de efeito estufa no Brasil são causadas pelo desmatamento. No mundo, as emissões de CO_2 provenientes do desmatamento equivalem a 17% do total.

Adaptado de: Instituto Carbono Brasil.
Disponível em: <www.institutocarbonobrasil.org.br/mudancas_climaticas/gases_do_efeito_estufa>.
Acesso em: 15 fev. 2017.

AS VILÃS DO AQUECIMENTO

Árvores ajudam a esquentar o planeta, dizem cálculos de cientistas. E agora?

Quando planta uma árvore, você está ajudando a diminuir a concentração de CO_2 na atmosfera e assim contribui para reduzir o aquecimento global, certo? Nem sempre. Na verdade, pode ser exatamente o contrário: se sairmos plantando árvores para todos os lados, o planeta pode acabar ainda mais quente. A conclusão é de uma pesquisa coordenada pelo físico indiano Govindasamy Bala, do Laboratório Nacional Lawrence Livermore, na Califórnia. Para chegar lá, ele desenvolveu um *software* capaz de projetar diferentes cenários para o planeta. A seguir, perguntou ao oráculo digital: o que aconteceria se fossem cortadas todas as árvores do mundo – algo que, no atual ritmo, aconteceria por volta de 2100? Resposta: a Terra ficaria 0,3 grau mais fria do que hoje.

Motivo: árvores não interagem com a atmosfera apenas absorvendo gás carbônico e devolvendo oxigênio para fazer a fotossíntese. Também atuam de outras formas. Transpiram, por exemplo, e assim aumentam a formação de nuvens, que por sua vez limitam a passagem da luz do Sol e diminuem a temperatura aqui embaixo. Mas elas também têm um efeito aquecedor. Por exemplo: em lugares que passam boa parte do ano cobertos de neve, a luz se reflete na superfície branca e se dispersa. Se você planta árvores ali, escurece o chão, que assim absorve mais calor – como uma camiseta preta esquenta mais que uma branca.

Isso não quer dizer que devemos sair por aí fazendo justiça com a própria motosserra. "Árvores são fundamentais para a natureza, por razões que vão muito além do clima", diz Govindasamy. [...]

CORDEIRO, Tiago. As vilãs do aquecimento. *Superinteressante*.
Disponível em: <http://super.abril.com.br/ecologia/vilas-aquecimento-446957.shtml>. Acesso em: 15 fev. 2017.

O BURACO NA CAMADA DE OZÔNIO

3

O buraco na camada de ozônio na Austrália leva as crianças a usar chapéu no dia a dia.

O OZÔNIO SERVE DE ESCUDO PARA BLOQUEAR A INCIDÊNCIA DE PARTE DOS RAIOS ULTRAVIOLETA.

Você já sabe que a atmosfera corresponde a uma esfera de ar que envolve o planeta Terra, protegendo-o e permitindo o desenvolvimento da vida na superfície. Ela está dividida em diversas camadas, sendo as principais:

- **Troposfera:** é a camada que está diretamente em contato com a Terra. Atinge aproximadamente 12 km de altitude, concentrando mais de 80% dos gases. É nessa camada que ocorrem os *fenômenos meteorológicos*.
- **Estratosfera:** estende-se a partir da troposfera. É nessa camada que vamos encontrar o ozônio.
- **Mesosfera:** camada intermediária entre a estratosfera e a ionosfera. Sua temperatura é muito baixa, chegando a atingir 90 °C negativos em seu limite superior.
- **Ionosfera:** essa camada atinge entre 300 e 500 km de altitude. O ar é muito rarefeito e carregado de partículas eletrizadas que têm a propriedade de refletir as ondas de rádio. Se essa camada não existisse, a radiocomunicação a longa distância seria impossível. A ionosfera também é responsável pela desintegração dos meteoroides.
- **Exosfera:** é a camada mais externa da Terra.

Além disso, a atmosfera é composta de diferentes tipos de gases, como o nitrogênio e o oxigênio – os dois mais importantes.

Outro gás que faz parte da atmosfera é o ozônio (O_3). Esse gás pode ser encontrado na estratosfera, com maior concentração aproximadamente entre 30 e 40 km de altitude, em uma região chamada camada de ozônio.

Camadas da atmosfera

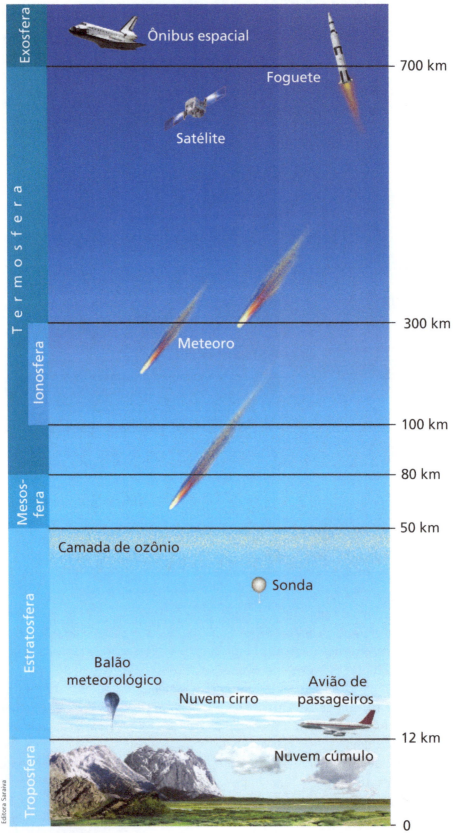

Fonte: LUCCI, Elian Alabi et al. *Território e sociedade no mundo globalizado* – Ensino Médio. São Paulo: Saraiva, 2013. v. 1. p. 116.

PRINCIPAIS GASES DO AR SECO		
GÁS	PORCENTAGEM	PARTES POR MILHÃO
Nitrogênio	78,08	780.000,0
Oxigênio	20,95	209.460,0
Argônio	0,93	9.340,0
Dióxido de carbono	0,035	350,0
Neônio	0,0018	18,0
Hélio	0,00052	5,2
Metano	0,00014	1,4
Criptônio	0,00010	1,0
Óxido nitroso	0,00005	0,5
Hidrogênio	0,00005	0,5
Ozônio	0,000007	0,07
Xenônio	0,000009	0,09

Fonte: GRIMM, Alice Marlene. *Meteorologia básica*: notas de aula. Disponível em: <http://fisica.ufpr.br/grimm/aposmeteo/cap1/cap1-2.html>. Acesso em: 15 fev. 2017.

O ozônio é o gás que filtra os raios ultravioleta (UV) emitidos pelo Sol, atuando como um escudo de proteção sobre nós. Ele também permite que as temperaturas sejam suportáveis na superfície do planeta. O aumento da radiação ultravioleta, ocasionado pela maior incidência dos raios solares diretamente sobre nós, provoca – entre outros problemas – o câncer de pele.

O que está acontecendo com a camada de ozônio?

O desenvolvimento das atividades industriais em todo o planeta causou o aumento da emissão de substâncias poluentes. Pesquisas científicas mostram que as substâncias químicas produzidas pelo ser humano são as responsáveis pelo desequilíbrio da atmosfera e pela destruição da camada de ozônio. Tais substâncias contribuem também para o aquecimento do planeta, conhecido como efeito estufa.

As primeiras evidências desse fenômeno foram detectadas por cientistas britânicos no fim da década de 1970. Eles verificaram a existência de um buraco na camada de ozônio sobre a Antártida. A constatação chamou a atenção para o problema e, desde então, o aumento do número de registros que apontam a diminuição da densidade da camada de ozônio vem preocupando a comunidade científica.

Entre os produtos mais danosos à camada de ozônio estão os óxidos nítricos e nitrosos, liberados pela fumaça dos veículos, e o dióxido

Os *sprays* não devem conter CFC para não agredir a camada de ozônio.

de carbono (CO₂), resultado da queima de combustíveis fósseis, como carvão e petróleo.

Contudo, os maiores inimigos da camada de ozônio são os produtos químicos como o halon, o tetracloreto de carbono (CTC), o hidroclorofluorcarbono (HCFC), o brometo de metila e, o mais conhecido deles, o clorofluorcarbono (CFC). Todos esses produtos foram considerados pelos órgãos ambientais e pelo Protocolo de Montreal como substâncias destruidoras da camada de ozônio (SDOs).

A ação dos CFCs na camada de ozônio

Os CFCs foram criados no fim da década de 1920 e amplamente empregados para refrigeração em geladeiras e aparelhos de ar condicionado e como propulsores em aerossóis, como *sprays* e desodorantes. Depois de liberados no ar, os CFCs levam cerca de oito anos para chegar à estratosfera. Atingidos pela radiação ultravioleta, os CFCs se desintegram e liberam cloro.

Ao passar pela camada de ozônio, o cloro reage com esse gás, produzindo monóxido de cloro (ClO) e oxigênio (O₂). O problema é que o oxigênio não é capaz de proteger o planeta da ação dos raios ultravioleta.

Uma única molécula de CFC pode destruir 100 mil moléculas de ozônio. A diminuição da concentração de ozônio persiste até os dias atuais por causa da longa vida desses produtos na atmosfera; os clorofluorcarbonos, por exemplo, podem permanecer ativos de 80 a 100 anos. Governos, cientistas e o setor industrial, por sua vez, têm desenvolvido ações nas últimas décadas para diminuir a emissão de SDOs e, consequentemente, a destruição da camada de ozônio.

É necessário ficar atento e redobrar os cuidados com a pele, expondo-se ao Sol apenas nos horários em que ele não é tão forte e usando filtro solar diariamente.

Você sabia?

Como se proteger dos raios ultravioleta

- Usar protetor solar diariamente, mesmo quando o tempo estiver nublado.
- Preferir roupas coloridas, usar chapéus e sombrinhas com proteção contra os raios UV.
- Evitar a exposição ao Sol entre 10h e 15h, quando há maior incidência dos raios UV.
- Usar óculos de sol para proteger os olhos da radiação UV.

Quais os problemas causados pelos raios ultravioleta?

Uma das funções mais importantes da camada de ozônio é proteger a Terra da ação dos raios ultravioleta, radiação nociva emitida pelo Sol. Os tipos de raios ultravioleta mais prejudiciais são o ultravioleta A (UVA) e o ultravioleta B (UVB), este último, o mais perigoso para os seres humanos.

O problema é que esses raios têm ultrapassado cada vez mais a barreira da camada de ozônio, atingindo com maior intensidade o planeta. Por isso, há grande preocupação com o buraco causado pela emissão de substâncias químicas, como os CFCs, na atmosfera.

É pelo buraco na camada de ozônio que os raios ultravioleta atingem a superfície da Terra, sendo responsáveis por doenças graves, como o *CÂNCER DE PELE*. Além disso, essa radiação pode afetar o sistema imunológico dos seres humanos, diminuindo a resistência a doenças como herpes.

A emissão de raios ultravioleta, porém, não preocupa apenas os seres humanos. Todas as formas de vida sofrem as consequências do UVA e do UVB, inclusive as plantas. Os níveis mais altos de radiação podem prejudicar a produção agrícola, o que reduziria a oferta de alimentos no mundo.

O que é exatamente o buraco na camada de ozônio?

O buraco na camada de ozônio é uma área que perde a proteção desse gás. De acordo com cientistas, o registro desse fenômeno ocorre no planeta durante certos períodos do ano e, depois, desaparece. Contudo, por causa da poluição ambiental e da ação humana, verificou-se nas últimas décadas um significativo aumento no buraco na camada de ozônio e sua permanência ao longo do ano.

Você sabia?

Dia Mundial do Ozônio

Comemorando a assinatura e ratificação do Protocolo de Montreal, países por todo o mundo celebram, a cada 16 de setembro, o Dia Mundial do Ozônio. A data funciona como um lembrete anual do compromisso de restaurar a camada de ozônio, assumido no Protocolo. Muitas vezes, crianças em idade escolar celebram esse dia com lições e atividades interativas, enquanto muitas empresas internacionais que empregam CFCs na fabricação de itens prometem manter uma área de trabalho completamente livre desses gases por um dia.

CÂNCER DE PELE
Para conhecer um pouco mais sobre o que é o câncer de pele e suas causas, visite:
http://drauziovarella.com.br/cancer/cancer-de-pele
Acesso em: 15 fev. 2017.

Como vimos anteriormente, esse fenômeno foi constatado pelos pesquisadores na Antártida a partir da década de 1970. No início de 2011, porém, os cientistas descobriram um buraco de ozônio também no Ártico. "Pela primeira vez, a perda ocorrida foi suficiente para ser razoavelmente descrita como um buraco de ozônio ártico", disseram os pesquisadores.

DESTRUIÇÃO ATINGE OS DOIS HEMISFÉRIOS

Uma série de fatores climáticos faz da estratosfera sobre a Antártida uma região especialmente suscetível à destruição do ozônio. Toda primavera, no hemisfério Sul, aparece um buraco na camada de ozônio sobre o continente. Os cientistas observaram que o buraco vem crescendo e que seus efeitos têm se tornado mais evidentes. Médicos da região têm relatado uma ocorrência anormal de pessoas com alergias e problemas de pele e visão.

O hemisfério Norte também é atingido: os Estados Unidos, a maior parte da Europa, o norte da China e o Japão já perderam 6% da proteção de ozônio. O Programa das Nações Unidas para o Meio Ambiente (Pnuma) calcula que cada 1% de perda da camada de ozônio cause 50 mil novos casos de câncer de pele e 100 mil novos casos de cegueira, causados por catarata, em todo o mundo.

WWF-Brasil. Disponível em: <wwf.org.br/natureza_brasileira/questoes_ambientais/camada_ozonio>. Acesso em: 15 fev. 2017.

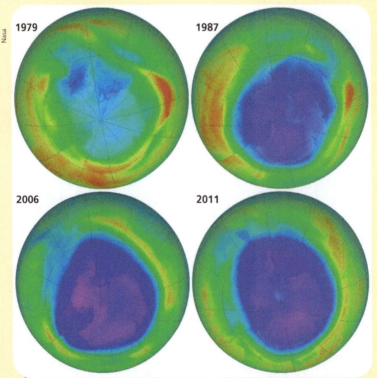

Nas ilustrações podemos observar a variação da concentração de ozônio na atmosfera sobre a região da Antártida no decorrer dos anos. A área com pouca concentração de ozônio (o buraco) está em azul-escuro.

Fonte: *Blog* do Planeta: O meio ambiente que você faz. Disponível em: <http://colunas.revistaepoca.globo.com/planeta/2012/09/18/as-licoes-da-recuperacao-da-camada-de-ozonio>. Acesso em: 15 fev. 2017.

O PAPEL DA ÁGUA NO CLIMA E NA VIDA DO PLANETA

4

A água é fundamental para a manutenção da vida na Terra.

A ÁGUA É UM RECURSO FINITO. É FUNDAMENTAL CUIDAR DELA E USÁ-LA DE MANEIRA RACIONAL.

Assim como o ar, cujas características você conheceu no capítulo anterior, a água é outro elemento indispensável aos seres humanos. Fundamental para a existência de vida, o líquido também pode influenciar o sistema climático global. Ao contrário de outros recursos, porém, como as florestas, que podem ser revitalizadas, a água doce é um recurso finito, ou seja, tem uma quantidade fixa e um dia pode acabar.

Por meio da evaporação, a água encontrada na superfície da Terra é transferida para a atmosfera, retornando na forma de chuva. O aquecimento global parece acelerar esse processo, aumentando o ritmo da evaporação e, consequentemente, da precipitação. As principais fontes de vapor de água são os oceanos, rios e lagos, embora uma pequena parte seja também fornecida pelo solo e pelas plantas (evapotranspiração).

O ser humano utiliza a água de várias formas, mas raramente se preocupa com o fato de esse recurso ser limitado. O desperdício e a poluição das águas (com o despejo nos rios de esgoto industrial e doméstico sem tratamento, por exemplo) configuram-se como uso predatório e indiscriminado desse recurso.

A humanidade pode tirar proveito da água de forma sustentável, explorando-a sem desperdício e sem contaminação. Um bom exemplo disso é a utilização de vias fluviais, marítimas e lacustres para o transporte de mercadorias e passageiros, pois elas são menos poluentes que o sistema rodoviário ou ferroviário. Outro exemplo seria intensificar o tratamento dos esgotos.

Água disponível

A superfície do planeta Terra é constituída predominantemente de água (hidrosfera). São, aproximadamente, 1,39 bilhão de quilômetros cúbicos de água distribuídos em mares, lagos, rios, aquíferos, gelo, neve e vapor. Enquanto os continentes e as ilhas (terras emersas, ou seja, acima das águas) abrangem cerca de 30% da superfície terrestre, os oceanos e as águas

Você sabia?

Ciclo da água

A água existente no planeta passa por três estados: sólido, líquido e gasoso. Em estado líquido, ocupa os oceanos, lagos, rios e os lençóis subterrâneos. O ciclo da água ou hidrológico começa com a energia do Sol que incide sobre a Terra. A elevação da temperatura faz a água passar do estado líquido ao gasoso, no processo de evaporação. Na atmosfera, o vapor de água forma nuvens e volta para o planeta na forma de chuva. Nas regiões mais frias, a água acumulada nas nuvens passa ao estado sólido, formando a neve e o granizo. De volta à superfície da Terra, o ciclo recomeça. Esse processo é fundamental para a existência e manutenção da vida no planeta.

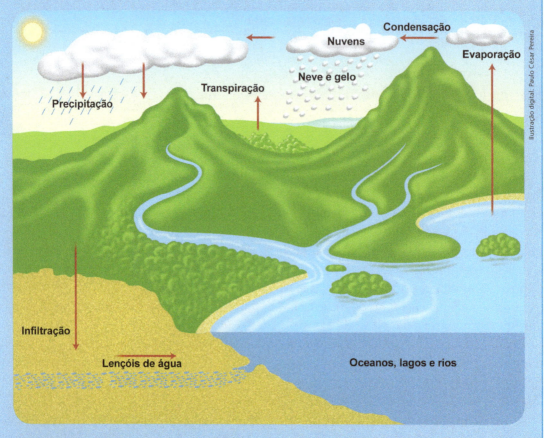

Fonte: Ministério da Educação. Disponível em: <http://objetoseducacionais2.mec.gov.br/bitstream/handle/mec/5033/open/file/index.html>. Acesso em: 15 fev. 2017.

A ÁGUA É UM RECURSO NATURAL ESGOTÁVEL

Estudos sobre o sistema hídrico mundial são unânimes em indicar que, se a média de consumo global de água não diminuir no curto prazo, teremos problemas de escassez. O Brasil, que tem uma parcela significativa de água doce, também está ameaçado.

Você acorda de manhã, acende a luz, toma um banho quente e prepara o café. Após se alimentar, limpa a boca com um guardanapo e lava a louça. Vai ao banheiro, escova os dentes e está pronto para dirigir até o trabalho. Se parar para pensar, vai ver que, para realizar todas essas atividades, foi preciso usar água. A energia vinda das quedas de água (via hidrelétricas) é que faz lâmpadas acenderem, chuveiros aquecerem e geladeiras refrigerarem. E, para produzir o guardanapo que você passou pela boca, é necessária muita água. Sem esquecer que o combustível de seu carro também contém a substância. Usando uma expressão que tem a ver com o tema, seria "chover no molhado" dizer que a água é essencial para a nossa vida. Sem ela em quantidade e qualidade adequadas, não é apenas o desenvolvimento econômico-social e a nossa rotina que ficam comprometidos, mas também a nossa própria sobrevivência. Só existimos porque há água na Terra. Por isso, a disponibilidade desse recurso é uma das principais questões socioambientais do mundo atual. De acordo com o relatório trienal divulgado em 2009 pela Organização das Nações Unidas para a Educação, a Ciência e a Cultura (Unesco), em 2025, cerca de 3 bilhões de pessoas sofrerão com a escassez de água. "Se a média de consumo global não diminuir, o cotidiano da população pode ser afetado drasticamente, inclusive no Brasil", diz José Galizia Tundisi, presidente do Instituto Internacional de Ecologia de São Carlos.

Para ficar por dentro do assunto, o primeiro passo é compreender que, diferentemente do que ocorre com as florestas, a água é um recurso que tem quantidade fixa. Em teoria, dá para reflorestar toda a área desmatada da Amazônia, pois as árvores se reproduzem. Mas não é possível "fabricar" mais água.

Adaptado de: SOUZA, Luís. A água é um recurso natural esgotável. *Nova Escola*. Disponível em: <http://revistaescola.abril.com.br/ciencias/fundamentos/se-nao-cuidar-agua-ela-pode-acabar-potavel-recursos-naturais-586631.shtml>. Acesso em: 15 fev. 2017.

continentais – rios, lagos e geleiras – cobrem aproximadamente 70% do planeta, por isso ele também é chamado de Planeta Água.

Cerca de 97% da água existente na Terra é salgada. Ela se concentra nos oceanos e mares e é muito difícil e caro dessalinizá-la (tirar o sal) para torná-la potável. Os outros 3% são de água doce, mas a maioria se encontra congelada nos polos e está em bolsões subterrâneos (no interior da Terra ou ainda no subsolo). O que sobra para consumo representa menos de 1%, que está nos rios, pântanos e lagos do planeta.

Ilustração digital: Cristiano Rosa

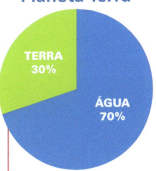

De toda a água existente, apenas uma parcela mínima está disponível para o consumo. Elaborado pelo autor.

Distribuição da água na Terra

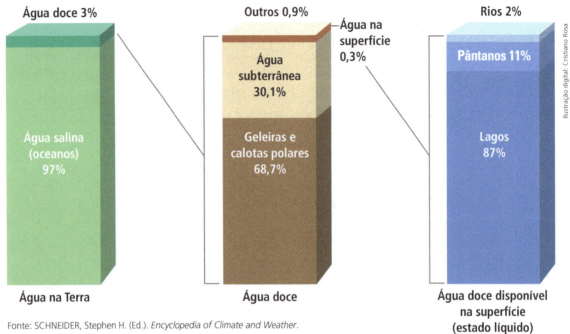

Fonte: SCHNEIDER, Stephen H. (Ed.). *Encyclopedia of Climate and Weather*. 2. ed. Nova York: Oxford University Press. v. 2. p. 817-823.

O consumo da água

Em termos mundiais, a água doce é consumida da seguinte maneira: a maior parte, cerca de 67%, é utilizada na agricultura; 22% na indústria; e 11% nas residências.

A quantidade de água consumida por uma família varia muito de país para país. A Organização das Nações Unidas (ONU) sugere um consumo de 110 litros diários por pessoa. No Brasil, o consumo médio diário por pessoa foi calculado em cerca de 130 litros (dados de 2010).

E então, vamos nos esforçar para *USAR A ÁGUA DE FORMA SUSTENTÁVEL*?

USO SUSTENTÁVEL DA ÁGUA
Leia algumas dicas para o uso sustentável da água, no portal Planeta Sustentável.
http://planetasustentavel.abril.com.br/noticia/atitude/dicas-praticas-uso-consciente-agua-541868.shtml.
Acesso em: 15 fev. 2017.

CONSUMO DOMÉSTICO DE ÁGUA POR ATIVIDADE

ATIVIDADE	QUANTIDADE (EM LITROS)
1 Descarga no banheiro	10 a 16
1 Minuto de chuveiro	15
1 Tanque com água	150
1 Lavagem de mãos	3 a 5
1 Lavagem com máquina de lavar roupas	150
1 Lavagem com lava-louça	20 a 25
Escovar os dentes com água corrente	11
1 Lavagem do automóvel com mangueira	100

Fonte: *Consumo sustentável*: manual de educação. Brasília: Consumers International/MMA/MEC/IDEC, 2005. p. 37. Disponível em: <http://portal.mec.gov.br/dmdocuments/publicacao8.pdf>. Acesso em: 15 fev. 2017.

Irrigação automatizada em plantação.

Fábrica de papel na cidade de Espanola, Ontário, Canadá.

Mulheres lavando roupa na margem do rio Lençóis, em Lençóis (BA), 2010.

NÍVEL DO SISTEMA CANTAREIRA CAI NOVAMENTE E CHEGA A 8,2%

O nível de água no Sistema Cantareira, que abastece a Grande São Paulo, caiu novamente e chegou a 8,2% da capacidade de abastecimento, segundo balanço divulgado pela Companhia de Saneamento do Estado de São Paulo (Sabesp) na manhã desta quinta-feira (15/5/2014). Trata-se de mais um recorde negativo para o sistema, que tem seu volume morto retirado a partir desta quinta com a ajuda de bombas flutuantes. Em maio, o reservatório perdeu 2,3 pontos percentuais de sua capacidade. Nas primeiras duas semanas do mês, choveu apenas 0,7 milímetro na região, bem abaixo da média histórica do mês, de 83,2 mm. O governo oferece bônus de 30% para quem economizar 20% de água e já prometeu que haverá multa para quem gastar mais do que de costume. A retirada do volume morto é a outra alternativa adotada pelo governo do estado. A Sabesp, que afirma não haver racionamento, fez obras para captar a reserva. [...]

O que é?

O volume morto é um reservatório com 400 milhões de metros cúbicos de água situado abaixo das comportas das represas do Sistema Cantareira. Conhecida também como reserva técnica, essa água nunca foi utilizada para atender a população.

Por que usar essa água?

A Região Metropolitana de São Paulo enfrenta uma crise de abastecimento por causa da falta de chuvas e dos consequentes recordes de queda no nível do Cantareira. O governo do estado tentou fazer desvios para usar a água de outras represas, mas essas manobras não foram suficientes para atender toda a população da Grande São Paulo. Após o nível do sistema atingir um patamar preocupante, a Sabesp fez obras para conseguir bombear a água do volume morto.

Por que o nível do reservatório ficou tão baixo?

Segundo o governo paulista, o mês de janeiro teve apenas 87,8 milímetros de chuva, o pior índice em 84 anos – a média histórica é de 260 milímetros. [...]

Disponível em: <http://g1.globo.com/sao-paulo/noticia/2014/05/nivel-do-sistema-cantareira-cai-novamente-e-chega-82.html>. Acesso em: 15 fev. 2017.

Contaminação das águas no Brasil

Na região Centro-Sul do Brasil, a contaminação das águas é um dos problemas ambientais mais graves nos últimos anos.

Nas médias e grandes cidades, a contaminação ocorre devido à quantidade de resíduos sólidos e líquidos lançados nos rios e pela contaminação dos mananciais, que são as fontes de águas que podem ser encontradas no subsolo – como os lençóis freáticos – ou na superfície.

A ocupação de terrenos para a construção de moradias sem planejamento, a criação de grandes depósitos de lixo a céu aberto (lixões) e a infiltração de combustível e outras substâncias tóxicas no solo são os principais responsáveis pela poluição dos mananciais.

No entanto, a poluição é bastante elevada também nas áreas rurais, pelo uso de agrotóxicos, fertilizantes, fezes de animais, além do despejo de esgoto sem tratamento e de lixo doméstico.

Espuma de poluição no rio Tietê (SP).

A degradação ambiental dos oceanos

A exploração e a poluição dos oceanos ameaçam a vida marinha. Pescar sem critério provoca a diminuição da quantidade de animais nos oceanos e até mesmo a extinção de algumas espécies.

Cerca de 70% dos mamíferos marinhos – baleias, leões-marinhos, focas, entre outros – estão ameaçados pela ação do ser humano. Alguns tipos de equipamento supereficientes usados na pesca acabam reduzindo a população de

Pesca de arrasto em Balneário Barra do Sul (SC), 2012. Essa atividade é realizada com uma rede que aprisiona diferentes espécies marinhas, desde filhotes até adultos.
A prática é proibida à distância de até 5,5 km da costa, mas a lei muitas vezes é desrespeitada.

certas espécies de peixes, comprometendo a biodiversidade marinha.

Um dos mais graves problemas de poluição marítima é a quantidade de plástico jogada nos mares e oceanos. Sacolas e garrafas deixadas nas praias pelos banhistas, e encontradas cada vez em maiores quantidades, causam a morte de muitos animais. Estima-se que mais de 100 mil animais marinhos morrem por ano ao ingerir lixo deixado nas praias.

Você sabia?

Águas subterrâneas ou aquíferos

Você já ouviu falar em águas subterrâneas?

As águas subterrâneas são as águas doces continentais formadas pela infiltração das águas das chuvas que caem no solo. Quando a água da chuva penetra o solo e encontra rochas impermeáveis, ela se acumula e forma reservatórios chamados lençóis subterrâneos ou aquíferos.

Mais de um quarto da população mundial depende atualmente das águas subterrâneas para obter água potável. Elas constituem o segundo maior depósito de água doce do planeta, ocupando os espaços entre as rochas do subsolo e se deslocando pelo efeito da gravidade.

Os lençóis subterrâneos e aquíferos podem se tornar nascentes de rios ao encontrar algumas partes da superfície terrestre. Eles podem ser explorados por diferentes técnicas, dependendo de sua profundidade: os mais rasos por meio de perfuração manual de poços, utilizando-se pás e picaretas, e os mais profundos com o uso de máquinas para serem alcançados.

Aquífero Alter do Chão

O aquífero Alter do Chão, localizado sob os estados do Amazonas, Pará e Amapá, é o maior aquífero do mundo em volume de água. Em extensão, ele perde para o aquífero Guarani, mas é duas vezes maior em volume de água, tendo

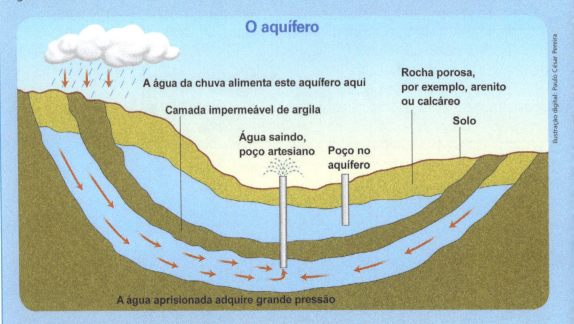

Fonte: LUCAS, Derek; LUCAS, Ângela. *Em foco*: água. Rio de Janeiro: Record, 1976. p. 24.

Maiores aquíferos do Brasil

Fonte: USBERCO, João et al. *Companhia das Ciências*: 6º ano. São Paulo: Saraiva, 2011. p.157.

86 mil km³ contra 46 mil km³ pertencentes ao aquífero Guarani. Depois das geleiras, a água existente na Amazônia representa um quinto de toda a água doce do mundo.

Aquífero Guarani

Pesquisas indicam que o território brasileiro abriga vários aquíferos. O maior em extensão é o aquífero Guarani, considerado o maior manancial de água doce subterrâneo transfronteiriço do mundo. Ele está presente em quatro países sul-americanos: Brasil, Argentina, Paraguai e Uruguai. Cerca de 70% desse reservatório de água está localizado no Brasil, espalhado pelo subsolo do Paraná, Rio Grande do Sul, Santa Catarina, Mato Grosso, Mato Grosso do Sul, Goiás, Minas Gerais e São Paulo. Os tipos de rocha da região são responsáveis pelo armazenamento de água no subsolo. A quantidade real de água nesse aquífero ainda é uma questão a ser investigada. Apesar da importância do aquífero Guarani, as atividades humanas, sobretudo as industriais e agrícolas, têm provocado a contaminação da água. O agrotóxico utilizado na agricultura e o vinhoto (resíduo da produção de cana-de-açúcar) são os principais contaminantes que atingem o reservatório.

Observe o tempo que o lixo lançado nas águas marinhas pode durar, poluindo os oceanos e o nosso planeta.

TEMPO DE VIDA DE ALGUNS MATERIAIS NO MAR	
Bilhete de metrô ou ônibus	3 a 4 meses
Papel/jornal	3 a 12 meses
Fósforo	6 meses
Fruta	3 meses a 2 anos
Goma de mascar	5 anos
Garrafa de plástico	100 anos
Pneu	100 anos (no mínimo)
Lata de alumínio	100 a 500 anos
Brinquedo de plástico	450 anos
Embalagem aerossol	500 anos
Saco ou embalagem de plástico	100 a 1 000 anos
Cartão de banco ou de telefone	1 000 anos
Vidro	4 000 anos
Pilha	não degradável

Fonte: Convenção das Nações Unidas sobre o Direito do Mar, 2002.

A poluição das águas marinhas também é um grave problema ambiental. A construção de portos, marinas e obras de proteção da costa; o lançamento de esgotos domésticos e industriais; o derramamento de óleo provocado por vazamentos em navios petroleiros, em plataformas de extração de petróleo e em oleodutos; a lavagem de tanques de armazenamento de óleo e os detritos lançados pela população que frequenta as praias são outros problemas que devem ser combatidos para preservar o meio ambiente.

Você sabia?

Você conhece a ilha de lixo no oceano Pacífico?

Em meio ao oceano Pacífico, uma enorme camada flutuante de plástico, com proporções continentais, ameaça a vida de diversas espécies marinhas e coloca em risco a saúde do planeta. A descrição pode parecer sinopse de filme de ficção científica – desses que preveem os fins mais trágicos e apocalípticos para a humanidade –, mas a ilha de lixo, ou 7º continente, como também é chamada, apesar de pouco conhecida, é uma realidade assustadora e absurda que tem causado danos ao meio ambiente. A mancha de lixo, situada a meio caminho entre as costas da Califórnia e o Havaí,

Navio de resgate espirra água em um petroleiro que explodiu em Ningbo, província de Zhejiang, China, em 2013. O óleo derramado se espalha pelo rio, poluindo a água que abastece a cidade.

se estende por cerca de 1 000 km e é formada por aproximadamente 4 milhões de toneladas de todo tipo de objeto plástico. São garrafas, embalagens, redes de pesca, sacolas e milhares de fragmentos de materiais que um dia já estiveram em terra firme, formando uma camada que atinge até 10 metros de profundidade em alguns pontos. Descoberta em 1997, pelo oceanógrafo americano Charles Moore, a ilha de lixo do Pacífico tem sido alvo de inúmeros estudos que visam analisar o impacto da poluição sobre a vida marinha. [...]

Disponível em: <www.pensamentoverde.com.br/meio-ambiente/voce-conhece-a-ilha-de-lixo-no-oceano-pacifico>. Acesso em: 15 fev. 2017.

Tartaruga marinha encontrada morta na praia de Bolsa Chica, no Texas, EUA, em 2008. O animal foi vítima do lixo descartado nas praias.

A VEGETAÇÃO E SEUS BENEFÍCIOS

5

As florestas ajudam a manter a temperatura do planeta estável.

AS FLORESTAS, ALÉM DE EXUBERANTES, PODEM GUARDAR MUITAS RIQUEZAS QUE AINDA SÃO DESCONHECIDAS.

Por que devemos cuidar do verde? Não é esse o questionamento que você vê constantemente em jornais, revistas, internet, programas de TV, filmes e documentários?

Vamos, então, refletir sobre alguns pontos que podem responder a essa pergunta.

A vegetação está muito mais presente em nossas vidas do que podemos imaginar. Além de nos fornecer sombra, alimentos e matérias-primas, ela exerce um papel fundamental na estabilidade dos fluxos de água entre a Terra e a atmosfera. As florestas influenciam na manutenção de uma temperatura estável, como podemos perceber, por exemplo, na Amazônia.

Nas áreas em que a floresta está preservada, a temperatura ambiente varia muito pouco entre o dia e a noite. Já nas áreas desmatadas, para agricultura ou exploração ilegal de madeira, a temperatura pode variar de maneira considerável, cerca de 10 °C.

As florestas ajudam também a manter a quantidade e a qualidade das águas dos rios, lagos e reservatórios subterrâneos. E a água, em seu ciclo contínuo, ajuda a manter a vegetação: uma dupla inseparável.

Já as matas ciliares protegem a margem dos cursos de água contra os sedimentos, o lixo, a erosão e o assoreamento, fornecendo também alimento e matéria orgânica para peixes e outras espécies que ali vivem. Esse tipo de vegetação é a garantia de sustentação das margens e da estabilidade dos leitos dos rios.

Um dos grandes benefícios das plantas é tornar o ar "respirável" para os seres humanos. Pela fotossíntese, a vegetação absorve grandes quantidades de gás carbônico (CO_2), liberando para a atmosfera o oxigênio (O_2), essencial para a vida na Terra.

Por isso, é importante preservar as árvores, visando reduzir a alta concentração de CO_2. Esse gás, lançado no ar em grandes quantidades pelas chaminés das fábricas, pelos escapamentos dos automóveis, dos caminhões e dos ônibus e pela queima da vegetação, vem causando vários desastres ambientais e rápidas mudanças climáticas na Terra.

Desmatamento

O crescimento desordenado das cidades, a industrialização e as modificações nos ecossistemas provocadas pelas ações humanas têm gerado grande impacto ambiental. O desmatamento é um dos principais responsáveis pelos desequilíbrios na natureza em todo o mundo. A retirada descontrolada da cobertura vegetal, com a destruição de florestas, matas e grandes áreas

A fotossíntese

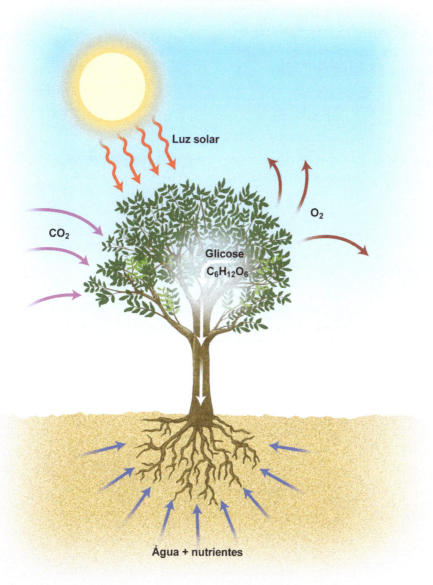

Fonte: STEENBOCK, Walter; VEZZANI, Fabiana Machado. *Agrofloresta*: aprendendo a produzir com a natureza. Curitiba: UFPR/Nepea, 2013. p. 26. Disponível em: <www.dsea.ufpr.br/publicacoes/agrofloresta_aprendendo_a_produzir_com_a_natureza.pdf>. Acesso em: 15 fev. 2017.

verdes, coloca em risco a biodiversidade do planeta. Nos dias atuais, o desmatamento tornou-se uma questão preocupante, principalmente nas florestas tropicais, pois tem afetado a vida de várias espécies animais e vegetais.

No Brasil, o desflorestamento ocorre de modo acelerado desde a chegada dos portugueses, em 1500, com a exploração do pau-brasil, árvore que deu nome ao país. Desde então, a Mata Atlântica, um dos principais biomas brasileiros, tem sofrido os reflexos da ocupação humana e do desmatamento, restando, atualmente, pouco mais de 7% de sua vegetação original.

O pouco que restou dela continua sofrendo ataques impiedosos de madeireiros, e isso pode, em curto espaço de tempo, levar ao seu completo desaparecimento. As principais áreas preservadas de Mata Atlântica localizam-se em parques nacionais.

A Mata Atlântica, devido à grande diversidade biológica, foi declarada pela Organização das Nações Unidas para a Educação, a Ciência e a Cultura (Unesco), em 1999, RESERVA DA BIOSFERA, tornando-se Patrimônio da Humanidade.

> **RESERVA DA BIOSFERA**
> Para saber mais sobre o que são reservas da biofesfera, acesse:
> www.rbma.org.br/mab/unesco_01_omarco.asp
> Acesso em: 15 fev. 2017

Observe e compare, nos mapas abaixo, a área ocupada pela Mata Atlântica em 1500 e em 2010.

Além da Mata Atlântica, outro bioma bastante atingido pelos impactos do desmatamento é a Floresta Amazônica. Apesar dos

Fonte: FUNDAÇÃO S.O.S. MATA ATLÂNTICA; INSTITUTO NACIONAL DE PESQUISAS ESPACIAIS (INPE). *Atlas dos remanescentes florestais da Mata Atlântica*. São Paulo, 2011. p. 7. Disponível em: <www.inpe.br/noticias/arquivos/pdf/atlasrelatoriofinal.pdf>. Acesso em: 15 fev. 2017.

esforços de preservação e reflorestamento realizados nas últimas décadas por entidades e instituições ambientais, essa floresta ainda sofre com a expansão agropecuária e as práticas ilegais de exploração da madeira.

A devastação provocada pela destruição da vegetação natural ocorre graças a fatores econômicos. As principais causas são a extração da madeira, a instalação de projetos agropecuários, de mineração ou garimpos, a construção de usinas hidrelétricas, incêndios naturais ou queimadas (técnica de cultivo tradicional).

Consequências do desmatamento

Desmatamento Zero

Campanha do Greenpeace para criar uma lei visando ao desmatamento zero no Brasil.

A vegetação influencia diretamente a distribuição de água na Terra. Ela atua no regime das

Você sabia?

Biomas brasileiros

Bioma é uma unidade que agrupa um conjunto de tipos de vegetação em uma área de mesmo ambiente, com flora e fauna similares. O Brasil tem os seguintes biomas: Amazônia, Cerrado, Mata Atlântica, Caatinga, Pampa e Pantanal.

Amazônia: é o maior bioma brasileiro e a maior reserva de biodiversidade do mundo. Cobre os estados do Acre, Amapá, Amazonas, Pará e Roraima, parte de Rondônia, Mato Grosso, Maranhão e Tocantins. Nesse bioma encontra-se a bacia amazônica e a vegetação é formada por árvores altas, matas de várzeas e matas de igapó.

Cerrado: é o segundo maior bioma da América do Sul. O Cerrado cobre boa parte de Goiás, Tocantins, Maranhão, Mato Grosso do Sul e Minas Gerais. Nesse bioma encontra-se a nascente das bacias Amazônica, São Francisco e Prata. Mais de 6,5 mil espécies de plantas já foram catalogadas na região.

Mata Atlântica: engloba cadeias de montanhas, vales, planaltos e planícies de toda a faixa continental atlântica leste brasileira, além de avançar sobre o Planalto Meridional até o Rio Grande do Sul. Ela é encontrada no Espírito Santo, no Rio de Janeiro, em Santa Catarina e no Paraná, além de pequenas áreas de mais onze estados. A vegetação é marcada por florestas de árvores altas.

Caatinga: é um tipo de vegetação exclusivamente brasileiro e ocupa cerca de 11% do país, em especial, a região Nordeste: Ceará e parte do Rio Grande do Norte, da Paraíba, de Pernambuco, do Piauí, da Bahia, de Sergipe, de Alagoas e do Maranhão. A Caatinga também cobre 2% de Minas Gerais. Por causa dos desmatamentos, 80% dos ecossistemas da Caatinga sofreram algum tipo de alteração.

Pampa: bioma característico do Rio Grande do Sul e marcado pelo clima chuvoso, e muitas vezes frio. A vegetação é constituída de ervas e arbustos.

Pantanal: cobre 25% de Mato Grosso do Sul e 7% de Mato Grosso, e seus limites coincidem com o Pantanal mato-grossense. Caracteriza-se por inundações de longa duração e a vegetação predominante é a savana.

Adaptado de: Instituto Brasileiro de Geografia e Estatística (IBGE) e Ministério do Meio Ambiente (MMA). Disponível em: <www.brasil.gov.br/meio-ambiente/2009/10/biomas-brasileiros>. Acesso em: 15 fev. 2017.

chuvas, na umidade do solo e no volume dos rios. Ao cair em uma região arborizada, uma parte da água das chuvas é armazenada nas árvores, enquanto outra escoa pelos troncos e folhas até atingir o solo. Uma outra parte dessa água, por sua vez, evapora antes de chegar à superfície terrestre.

No período das chuvas, as árvores reservam água em seu interior, regulando a quantidade de água que cai, diminuindo o impacto da chuva sobre o solo e a formação de enxurradas; no período das secas, a água armazenada é liberada lentamente para o solo, contribuindo, assim, para a sua manutenção e para a dinâmica da vida. É o que chamamos balanço hídrico.

A transpiração das plantas também ajuda a controlar a circulação da chuva que cai sobre a terra. Por outro lado, a camada orgânica da superfície terrestre funciona como uma esponja, retendo água, o que contribui para manter a umidade do solo.

A água que será levada para os rios é lançada aos poucos, evitando as enchentes durante as estações úmidas. Nas cidades, contudo, é comum grande parte do solo ser coberta por cimento e asfalto. Isso impede a retenção de parte da água das chuvas pelos vegetais e a infiltração no solo. Como resultado, a água escoa toda para as áreas mais baixas do relevo, ocasionando enchentes. Como essas áreas são geralmente ocupadas pelo ser humano, as enchentes costumam causar enormes prejuízos.

Assim, o regime hídrico está condicionado à capacidade das plantas de reter água e de restituí-la à atmosfera. É possível imaginar as consequências de um desmatamento em grande escala sobre o clima e sobre a água do planeta?

As mudanças climáticas atuando em uma região já fragmentada pelo desmatamento poderiam ter efeitos mais prejudiciais que na floresta contínua. Uma floresta fragmentada fica mais vulnerável aos incêndios, geralmente causados pela atividade humana. Um clima alterado pode aumentar o risco de incêndio, permitindo que o fogo se alastre mais rapidamente.

Não só o clima pode ser afetado pela ação humana, o solo e os rios também sofrem com a interferência do homem sobre a natureza. Ao retirar a cobertura vegetal de determinada área, o solo fica desprotegido, o que diminui a capacidade do terreno de reter a água da chuva. O resultado disso é que a água escorre muito rápido, arrastando a camada superficial do solo. Os materiais arrastados pela chuva vão se acumular no fundo de rios, lagos e fontes, causando o assoreamento, além de iniciar um processo de erosão e de perda da fertilidade do solo.

Alagamento na cidade de Manaus (AM), 2012.

Você sabia?

As embalagens de agrotóxicos podem contaminar o ambiente se não forem descartadas corretamente.

Agricultura mal planejada

O Brasil chega a perder, todo ano, toneladas de solos férteis em razão de uma agricultura mal planejada, aliada à prática de monocultura extensiva, queimadas e desmatamentos. Junto com o solo, também perdemos água, quando a erosão carrega os sedimentos, causando assoreamentos dos cursos de água.

Se a quantidade de água fica comprometida, a qualidade não fica para trás. A necessidade de aumentar a produção tem levado os agricultores a utilizar fertilizantes e agrotóxicos de forma exagerada e sem critérios. Muitas vezes, o aumento de áreas produtivas invade as matas ciliares, comprometendo os cursos de água da região.

Os produtos químicos usados diretamente nas plantações e suas embalagens descartadas a céu aberto, apesar de existirem alguns programas de coleta desse material, são levados até os rios, córregos e lagos, ou acabam infiltrando-se no solo, contaminando as águas subterrâneas.
[...]

Rede Nacional de Mobilização Social/Comitê de Entidades no Combate à Fome e pela Vida (Coep). Disponível em: <www.coepbrasil.org.br/portal/Publico/apresentarArquivo.aspx?ID=89adf893-9421-4142-9003-7bd3dc000eb3>. Acesso em: 15 fev. 2017.

Perigos

[...]
Os descuidos não são poucos: o rio Miranda, no Mato Grosso do Sul, encontra-se afetado pelo assoreamento causado pelo cultivo intensivo de arroz; o aquífero Guarani está contaminado pelos agrotóxicos provenientes das atividades agrícolas; e o rio São Francisco, carregado de substâncias tóxicas que vêm das atividades de carvoaria.

A irrigação sem tecnologia representa um grande impacto causado pela agricultura. Além de consumir muita água, ela altera significativamente o ciclo da água, pois a retira numa velocidade muito maior do que a reposição natural pode prover.

Segundo dados da Unesco, cerca de 31% da área plantada de grãos, no planeta, é irrigada. No Brasil, os maiores desperdícios de água vêm da fruticultura, do cultivo de grãos irrigados e da pecuária de corte.
[...]

Adaptado de: WWF-Brasil. *Água para a vida. Água para todos*: o livro das águas. Brasília: WWF-Brasil, 2006. Disponível em: <www.redeambientalescoteira.org.br/downloads/XXII_muteco/wwf_livro_das_aguas.pdf>. Acesso em: 15 fev. 2017.

DESENVOLVIMENTO SUSTENTÁVEL

6

As cooperativas de reciclagem de lixo auxiliam na preservação do ambiente.

A RECICLAGEM DO LIXO, A REDUÇÃO DO USO DE MATÉRIAS-PRIMAS E A REUTILIZAÇÃO SÃO PRÁTICAS DE DESENVOLVIMENTO SUSTENTÁVEL.

O termo DESENVOLVIMENTO SUSTENTÁVEL foi usado pela primeira vez após a criação, em 1983, da Comissão Mundial sobre Meio Ambiente e Desenvolvimento (CMMAD), órgão ligado à Organização das Nações Unidas (ONU). O objetivo da comissão era discutir propostas que pudessem orientar políticas de desenvolvimento econômico aliadas à conservação ambiental. Foi a partir daí que surgiu a definição mais aceita para desenvolvimento sustentável: "o atendimento das necessidades do presente sem comprometer a possibilidade de as gerações futuras atenderem às suas próprias necessidades". Em outras palavras, desenvolvimento sustentável é o modelo que prevê a integração entre economia, sociedade e meio ambiente.

Desenvolvimento sustentável: solo é vida

Muitos recursos da natureza são utilizados pelo ser humano para confeccionar objetos que ele usa diariamente. Alguns desses objetos ou recursos – como os usados na construção de casas e outras edificações – vêm da litosfera.

A litosfera é composta de rochas e minerais. O termo popular *pedra*, que a todo momento nós usamos, corresponde a qualquer pedaço (fragmento) de uma rocha. Da decomposição das

> **DESENVOLVIMENTO SUSTENTÁVEL**
> Conheça um pouco da história do conceito de desenvolvimento sustentável em:
> http://ambiente.hsw.uol.com.br/desenvolvimento-sustentavel.htm
> Acesso em: 15 fev. 2017

O QUE É PRECISO FAZER PARA ALCANÇAR O DESENVOLVIMENTO SUSTENTÁVEL?

Para ser alcançado, o desenvolvimento sustentável depende de planejamento e do reconhecimento de que os recursos naturais são finitos. Esse conceito representou uma nova forma de desenvolvimento econômico, que leva em conta o meio ambiente.

Muitas vezes, desenvolvimento é confundido com crescimento econômico, que depende do consumo crescente de energia e recursos naturais. Esse tipo de desenvolvimento tende a ser insustentável, pois leva ao esgotamento dos recursos naturais dos quais a humanidade depende.

Atividades econômicas podem ser encorajadas em detrimento da base de recursos naturais dos países. Desses recursos dependem não só a existência humana e a diversidade biológica, como o próprio crescimento econômico.

O desenvolvimento sustentável sugere, de fato, qualidade em vez de quantidade, com a redução do uso de matérias-primas e produtos e o aumento da reutilização e da reciclagem.

WWF-Brasil. Disponível em: <wwf.org.br/natureza_brasileira/questoes_ambientais/desenvolvimento_sustentavel>. Acesso em: 15 fev. 2017.

rochas surge algo muito importante para a vida e a sustentabilidade do planeta: o solo.

O solo é a camada da Terra em que se fixam e se desenvolvem os vegetais. O clima, a vegetação e o solo são três fatores geográficos que estão estreitamente interligados. Qualquer alteração que o ser humano provoque em um desses fatores repercute nos demais.

Em um país como o Brasil, em que o clima tropical é marcado por duas estações – a seca e a chuvosa –, quando se derruba a vegetação por meio do desmatamento, o solo fica exposto a altas temperaturas e a ação da água o altera. Essa alteração retira do solo a grande propriedade de sustentar as atividades agrícolas de que o ser humano tanto necessita.

Quanto maior for o desmatamento e mais exposto o solo ficar à ação da temperatura, das chuvas e do vento e à ação humana, mais estaremos sujeitos aos processos que preocupam hoje toda a humanidade: a erosão e a desertificação.

Com certeza graças a programas e documentários na televisão, no cinema, em vídeos ou dos estudos na escola, muitos de nós conhecem o deserto do Saara, o deserto da Mongólia, o deserto do Kalahari. Esses são alguns dos grandes desertos formados há muito tempo. Entretanto, nos dias atuais, com as alterações climáticas e o desmatamento, as áreas desérticas vêm se ampliando de forma impressionante em todas as partes do planeta.

Você sabia?

Recursos naturais

São considerados recursos naturais tudo o que é encontrado na natureza e que pode ser usado pelo ser humano para o seu desenvolvimento. Eles podem ser:

Renováveis: recursos que de alguma forma voltam para a natureza, seja pela própria renovação, seja pela ação humana, como as plantas e a água.

Não renováveis: são recursos que não podem ser repostos; uma vez retirados e usados pelo ser humano não retornam à natureza. É o caso do petróleo e do carvão.

O uso inadequado do solo é uma das causas da erosão.

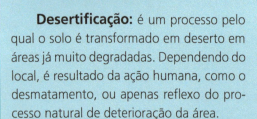

Você sabia?

Desertificação: é um processo pelo qual o solo é transformado em deserto em áreas já muito degradadas. Dependendo do local, é resultado da ação humana, como o desmatamento, ou apenas reflexo do processo natural de deterioração da área.

Erosão: é o resultado da desagregação das partículas do solo removidas pela ação do vento, da chuva. O uso inadequado do solo, principalmente pela ação humana, também pode causar a erosão.

Com isso, pode-se concluir que são reduzidas as áreas de plantio e de criação para o sustento dos seres humanos. Como consequência, começam a aparecer os sintomas da escassez de alimentos de origem vegetal e animal. Eles

Deserto do Kalahari, na Namíbia.

CRIME AMBIENTAL LESA-PÁTRIA: DESERTO QUAE SERA TAMEN

O norte de Minas Gerais está no semiárido brasileiro. A região engloba Cerrado, Caatinga e Mata Atlântica. Quando viajava por lá, na minha adolescência, impressionava-me a quantidade imensa de caminhões carregados de sacos de carvão que se cruzavam pelas estradas. Os fazendeiros esticavam uma imensa corrente entre dois tratores para arrastar tudo que estivesse de pé para transformar em pastagens. Depois, a madeira virava carvão. Há quarenta anos, eu já tinha a impressão que, em algum dia, iriam acabar com aquela paisagem. Porém, emocionei-me com a má notícia dada por Raphael Veleda (*Folha de S. Paulo*, 9 de maio de 2011) de que um terço do território de Minas Gerais pode virar "deserto" em 20 anos!

A conclusão é de um estudo encomendado pelo Ministério do Meio Ambiente ao governo mineiro e concluído em março de 2011. O desmatamento, a monocultura e a pecuária intensiva, somados a condições climáticas adversas, empobreceram o solo de 142 municípios do Estado. Se nada for feito para reverter o processo, de acordo com o estudo, essas terras não terão mais uso econômico ou social, o que vai afetar 20% da população mineira. Isso obrigaria 2,2 milhões de pessoas a deixar a região norte do Estado e os vales do Mucuri e do Jequitinhonha.
[...]

COSTA, Fernando Nogueira da. Crime ambiental lesa-pátria: deserto quae sera tamen. Disponível em: <http://fernandonogueiracosta.wordpress.com/2011/05/17/crime-ambiental-lesa-patria-deserto-quae-sera-tamen>. Acesso em: 15 fev. 2017.

passam a custar cada vez mais caro e poucas pessoas podem ter acesso a eles.

Revolução tecnológica e problemas ambientais

O avanço da tecnologia tornou-se cada vez mais autônomo, fugindo mais e mais do estado natural das coisas. Com o advento da globalização, a tecnologia foi se sofisticando em suas manifestações antipreservacionistas, graças à relação custo-benefício que marca a atual fase do desenvolvimento capitalista.

Assim, a tecnologia e seus efeitos fogem do controle do ser humano, por exemplo, a informática. Estima-se que até 2049 será criado um computador que irá superar a capacidade cerebral de toda espécie humana.

Com o advento da sociedade pós-industrial, a questão ambiental agrava-se cada vez mais.

Os primeiros celulares eram popularmente chamados tijolões. Já os celulares de última geração, que realizam múltiplas funções, são os *smartphones*.

Essa devastação em níveis alarmantes que conhecemos hoje se deve, entre outros motivos, à revolução tecnológica e à pobreza que assola o planeta. É também por conta dessa mesma revolução que se vem alargando ainda mais o fosso entre ricos e pobres, apesar do crescimento da economia mundial.

A PEGADA ECOLÓGICA – PRATICAR A AGENDA 21

Em 1992, foi realizada no Rio de Janeiro a Conferência das Nações Unidas para o Meio Ambiente e Desenvolvimento. Conhecida como Rio-92 ou Eco-92, a conferência reuniu governantes de 113 países e membros de todos os setores da sociedade mundial para buscar soluções para os graves problemas ambientais do planeta e assegurar um futuro com qualidade de vida.

O resultado desse encontro foi um documento conhecido como Agenda 21. Sobre o lixo, a Agenda 21 propõe principalmente que os governos, empresas e os cidadãos unam esforços para reduzir a produção e o descarte de lixo. Recomenda também que cada país, estado e cidade elabore sua Agenda 21 local com a participação de toda a sociedade.

Conheça e pratique os 3R da Agenda 21:
- Reduzir a produção do lixo, não desperdiçar, mudar hábitos de consumo, consumir o necessário, exigir qualidade e durabilidade dos produtos.
- Reutilizar em grande escala produtos e materiais, aumentando seu tempo de duração.
- Reciclar os produtos de forma economicamente viável, dar nova vida aos materiais a partir de sua transformação em um novo produto.

Você também pode praticar outro R, o de Recusar produtos que agridem sua saúde e o meio ambiente.

Campanha do Serviço Nacional de Aprendizagem Comercial (Senac-SP). Senac Alerta – Por uma cidade mais limpa, realizada em 2003 no estado de São Paulo.

FOLHA DA CIÊNCIA

Água de reúso ajuda na preservação ambiental

Muitos brasileiros cresceram ouvindo que o país tem água em abundância, mas sem o alerta de que esse recurso natural é um bem finito e em muitos lugares até mesmo escasso. As grandes regiões metropolitanas são as que mais sofrem com a baixa disponibilidade hídrica.

Diante desse quadro de escassez, a solução é economizar, reciclar e investir no uso consciente da água. Uma prática que vem se tornado cada vez mais comum no Brasil é o reúso da água. Empresas de saneamento tratam os esgotos e reutilizam esse efluente tratado, a chamada água de reúso.

"Água de reúso é um efluente tratado, resultante de todo um processo de purificação e tratamento. Essa água atende aos parâmetros de qualidade exigidos na legislação brasileira e pode ser usada para fins que não sejam o consumo humano", explica o diretor de operações da Companhia Riograndense de Saneamento (Corsan), Ricardo Rover Machado.

Segundo o gerente de planejamento e desenvolvimento ambiental da Companhia de Saneamento do Paraná (Sanepar), Pedro Luís Prado Franco, essa água não é própria para o consumo humano, mas tem qualidade suficiente para ser usada na irrigação agrícola e de jardins, na indústria e na lavagem de ruas, praças, calçadas e automóveis, entre outros.

"O reúso de água é extremamente importante para áreas de escassez hídrica. Essa água que estaria sendo tratada e lançada no rio vai ser novamente usada fazendo com que a pressão na demanda por recursos hídricos diminua", diz Pedro Luís.

No Sul do país, a água de reúso tem sido aproveitada na irrigação de lavouras de arroz. Por lá, a produção de água de reúso chega a 30 mil litros por dia, o suficiente para irrigar uma área de 270 hectares.

No Rio de Janeiro o exemplo começa em casa. A nova sede da Companhia Estadual de Águas e Esgotos (Cedae) foi construída com sustentabilidade ambiental e entre outras medidas aproveita água de reúso nas atividades que não exigem água 100% limpa, como nos sanitários e no cultivo de jardins. Semanalmente são armazenados 88 mil litros de água para suprir essas demandas.

Também no Rio está o maior projeto de reúso de água industrial do mundo. Em parceria com a Petrobras, a Cedae vai fornecer 1 500 litros de água por segundo para o Complexo Petroquímico do Rio de Janeiro (Comperj).

"A água de reúso na indústria é usada em processos [nos quais] normalmente a empresa usa água potável, uma água que serve para a população. Ao adotar a água de reúso há uma economia em escala: você deixa de jogar o efluente tratado nos cursos de água; promove economia da água tratada que é reaproveitável; diminui a captação de água e aumenta a disponibilidade para a população", diz o assessor ambiental da Cedae, José Maria de Mesquita Junior. Segundo cálculos da Cedae, o montante de água envolvido nesse projeto poderia abastecer 500 mil pessoas.

No Nordeste, região que sofre com a seca, os efluentes tratados também são aproveitados. A Companhia de Águas e Esgotos do Rio Grande do Norte (Caern) aproveita a água de reúso na irrigação de uma plantação de capim no município de Pendências. O capim é base de ração animal e também serve para a fabricação de lenha ecológica.

O projeto é piloto e disponibiliza 700 mil litros por dia de água de reúso, mas a experiência deu tão certo que a companhia pretende ampliar a prática. "Esse é o laboratório em escala real que precisávamos. A ideia agora é continuar este projeto e até mesmo expandi-lo para outros cultivos", conta o engenheiro de desenvolvimento de operações da Caern, Marco Calazans.

Adaptado de: RUSSOMANO, Juliana. Água de reúso ajuda na preservação ambiental. *Agência Brasil*. Publicado em 22 mar. 2013. Disponível em: <http://memoria.ebc.com.br/agenciabrasil/noticia/2013-03-22/agua-de-reuso-ajuda-na-preservacao-ambiental>. Acesso em: 15 fev. 2017.

Desconhecimento popular sobre água é problema a ser enfrentado, diz ONG

É importante lembrar que um dos principais problemas que o Brasil precisa enfrentar é a falta de conhecimento da população sobre a realidade dos recursos hídricos no país, afirma o coordenador do Programa Água para a Vida da organização não governamental (ONG) WWF-Brasil, Glauco Kimura de Freitas.

Para ele, a população está muito distante do tema água, que só chama a atenção quando há uma crise instalada. "As pessoas não procuram se informar de onde vem a água que consomem e o que podem fazer para garantir o abastecimento, há um desconhecimento geral. Os governantes têm sua culpa, as empresas e a mídia, também, e essa falta de esclarecimento reflete no cidadão."

Kimura cita a pesquisa que o WWF faz a cada cinco anos sobre a percepção dos brasileiros sobre a água. Na última, em 2012, mais de 80% dos entrevistados nunca tinham ouvido falar da Agência Nacional de Águas (ANA), que é o órgão regulador dos recursos hídricos. "Há consciência sobre como economizar e de que pode faltar água. Mais de 70% das pessoas sabem dos problemas, mas o desconhecimento ainda é grande", disse o especialista.

Outro problema é a má governança dos recursos hídricos, acrescenta Kimura. "É muito difícil dizer se vamos conseguir, ou não, suprir nossas demandas e é grande a chance de termos problemas no futuro com a gestão que tem sido feita", disse ele, destacando que o Brasil está muito bem em termos de leis, mas que não estão sendo implementadas e fiscalizadas como deveriam.

O *Relatório de Desenvolvimento Mundial da Água 2014*, de autoria da ONU-Água, prevê que, em 2030, a população global necessitará de 35% a mais de alimento, 40% a mais de água e 50% a mais de energia.

"O tema água está abaixo das prioridades. A ANA é um órgão técnico de excelência, mas os governos locais não dão conta de implementar os instrumentos que já existem, a sociedade não cobra, e as empresas só se mexem quando têm que cumprir a lei", argumenta Kimura.

De acordo com ele, o terceiro gargalo na gestão dos recursos hídricos é o mau uso da terra. "As cidades vão crescendo, ficam dependendo de reservatórios, a maioria poluídos, e ocupando áreas de nascentes, que são os ovos de ouro da galinha. O planejamento urbano tem que ser levado muito a sério, e o setor de recursos hídricos precisa estar inserido."

Para Kimura, na área rural, também há uma tendência de agravamento do problema com a flexibilização do Código Florestal, aprovado em 2012. Para ele, a diminuição das Áreas de Preservação Permanente (APPs), que agora levam em conta o tamanho da propriedade, coloca em risco os mananciais de água.

A Política Nacional de Irrigação, instituída no ano passado, também pode constituir um problema para o especialista do WWF, já que o crédito financeiro e as outorgas para captação de água vão aumentar. "É como uma poupança: estamos dando cada vez mais senhas para acessar a nossa caderneta, mas ninguém põe dinheiro lá. Então, temos que ter um trabalho sério de proteção das nascentes e área de recarga de aquífero", destaca Kimura, explicando que existem áreas de terra mais permeáveis que outras que precisam ter uma cobertura florestal em cima e que, por desconhecimento das pessoas, são pavimentadas ou assoreadas.

Adaptado de: VERDÉLIO, Andreia. Desconhecimento popular sobre água é problema a ser enfrentado, diz ONG. *Agência Brasil*. Publicado em 22 mar. 2014. Disponível em: <http://agenciabrasil.ebc.com.br/geral/noticia/2014-03/desconhecimento-popular-sobre-agua-e-problema-ser-enfrentado-diz-ong>. Acesso em: 15 fev. 2017.

Plantas brasileiras podem ajudar a enfrentar impactos das mudanças climáticas

A seriguela e o umbuzeiro, árvores comuns do Semiárido nordestino, e a sucupira-preta, do Cerrado, fazem parte de um grupo de plantas brasileiras que poderão desempenhar um papel importante para a agricultura no enfrentamento das consequências das mudanças climáticas. Elas estão entre as espécies do país com grande capacidade adaptativa, tolerantes à escassez hídrica e a temperaturas elevadas.

De acordo com Eduardo Assad, pesquisador do Centro Nacional de Pesquisa Tecnológica em Informática para a Agricultura (CNPTIA) da Empresa Brasileira de Pesquisa Agropecuária (Embrapa), o estudo do genoma dessas espécies pode ajudar a tornar culturas como soja, milho, arroz e feijão tão resistentes quanto elas aos extremos climáticos.

"O Cerrado já foi muito mais quente e seco e árvores como pau-terra, pequi e faveiro, além da sucupira-preta, sobreviveram. Precisamos estudar o genoma dessas árvores, identificar e isolar os genes que as tornam tão adaptáveis. Isso pode significar, um dia, a chance de melhorar geneticamente culturas como soja e milho, tornando-as igualmente resistentes", explicou. "Não é fácil, mas precisamos começar."

Assad destaca que o Brasil é líder em espécies resistentes. "O maior armazém do mundo de genes tolerantes ao aquecimento global está aqui, no Cerrado e no Semiárido Nordestino", ressaltou em sua palestra *O impacto potencial das mudanças climáticas na agricultura*.

No Semiárido Nordestino, árvores como a seriguela, o umbuzeiro e a cajazeira foram apontadas como opções importantes não só para estudos genéticos como também para programas voltados à geração de renda pela população local.

Os modelos de pesquisa realizados pela Embrapa, muitos deles feitos em colaboração com instituições de outros 40 países, apontam que a redução de produtividade de culturas como milho, soja e arroz decorrente das mudanças climáticas deve se acentuar nas próximas décadas. "Isso vale para as variedades genéticas atuais. Uma das soluções é buscar genes alternativos para trabalhar com melhoramento", sugeriu Assad.

"O Brasil é muito respeitado nesse tema, em especial porque reduziu o desmatamento na Amazônia e, ao mesmo tempo, ampliou a produtividade na Região Amazônica", acrescentou o pesquisador.

Segundo Assad, isso abre canais de diálogo sobre a sustentabilidade na agricultura e sobre a adoção de estratégias como integração entre lavoura, pecuária e floresta, plantio direto na palha, uso de bactérias fixadoras de nitrogênio no solo, rochagem (uso de micro e macronutrientes para melhorar a fertilidade dos solos), aplicação de adubos organominerais, além do melhoramento genético.

"Isso mostra que ambientalistas, ruralistas, governo e setor privado precisam sentar e decidir o que fazer daqui em diante – qual sistema de produção adotar? Com ou sem pasto? Com ou sem árvores? Rotacionado ou não? São mudanças difíceis, de longo prazo, mas muitos agricultores já estão preocupados com essas questões, com os prejuízos que o aquecimento global pode trazer, e começam a buscar soluções", concluiu Assad.

Adaptado de: Plantas brasileiras podem ajudar a enfrentar impactos das mudanças climáticas. *EcoDesenvolvimento*. Publicado em 2 jun. 2014. Disponível em: <www.ecodesenvolvimento.org/posts/2014/plantas-brasileiras-podem-ajudar-a-enfrentar?tag=clima>. Acesso em: 15 fev. 2017.

Homem acelera em mil vezes a extinção da biodiversidade

O desaparecimento das espécies no mundo é hoje mil vezes mais veloz do que se essa extinção acontecesse naturalmente, sem o impacto do homem. Há quase 20 anos, em 1995, essa taxa era cem vezes maior que o índice de extinção natural.

Embora haja rápido progresso em desenvolver áreas de proteção, um estudo publicado na revista *Science* mostrou que esses esforços não são ecologicamente representativos e não estão melhorando a proteção da biodiversidade.

Clareira de desmatamento em Amajari (RR), 2010.

O documento, intitulado *A biodiversidade das espécies e suas taxas de extinção, distribuição e proteção*, mostra que, nas áreas onde há grande devastação ambiental e que possuem espécies com pouca mobilidade e "dependentes" de hábitats específicos, há uma concentração maior de espécies em extinção. Entre as espécies conhecidas pelos cientistas, a maioria tem pouca mobilidade e é pouco adaptável. Isso aumenta o risco de desaparecimento.

Apesar de os cientistas saberem hoje mais sobre as espécies em risco que anteriormente, estima-se que ainda é alto o número daquelas que sequer são conhecidas pela comunidade científica. Aproximadamente 1,9 milhão de espécies são conhecidas no mundo, mas calcula-se que haja cerca de 10 milhões de espécies no total. Pior é a falta de informação sobre quais são os hábitats dessas espécies e as taxas de extinção, pois esses dados são fundamentais para descobrir a que risco elas estão expostas.

Essas evidências endossam a teoria de que o mundo caminha para a sua sexta extinção em massa, segundo o estudo. A quinta e última foi há cerca de 65,5 milhões de anos, quando os dinossauros foram extintos.

"A crise da extinção das espécies é maior que a gente pensava, revelou a pesquisa. A gente está caminhando para uma extinção em massa, mas ainda é possível reverter essa situação", explicou um dos coautores do artigo, Clinton Jenkins, professor visitante do Instituto de Pesquisas Ecológicas (IPÊ).

Segundo ele, no projeto foram analisados mapas que continham o registro de hábitat de mais de 22 mil espécies para identificar as regiões em que há maior necessidade de prevenção de extinções. Entre essas áreas estão a Mata Atlântica, os Andes, a Ilha de Madagascar, as ilhas do Sudeste da Ásia e a América Central.

Brasil. O Brasil, afirma Jenkins, tem papel fundamental para reverter esse cenário mundial. "O Brasil é um dos países mais ricos em biodiversidade e patrimônio natural no mundo e possui biomas excepcionais, como a Mata Atlântica, o Cerrado e a Amazônia. Ao mesmo tempo, várias partes do País estão muito ameaçadas e ainda não há proteção suficiente para a sobrevivência dessa biodiversidade. A Mata Atlântica, por exemplo, já perdeu 90% de cobertura, mas está perdendo mais ainda", afirma.

Para combater o desaparecimento das espécies, os pesquisadores afirmam que é preciso investir em tecnologias que possibilitem a coleta de dados e mapas e promover o intercâmbio das informações entre os países. [...]

SANTOS, Bárbara Ferreira. Homem acelera em mil vezes a extinção da biodiversidade. *O Estado de S. Paulo*. Disponível em: <http://sustentabilidade.estadao.com.br/noticias/geral,homem-acelera-em-mil-vezes-a-extincao-da-biodiversidade,1173618>. Acesso em: 15 fev. 2017.

FESTIVAIS, FILMES E DOCUMENTÁRIOS

2012: tempo de mudança
Documentário. Produção: Estados Unidos, Brasil, França, México e Suíça, 2011. Direção: João Amorim.

As profecias maias a respeito de um apocalipse global em 2012 são o ponto de partida para esse documentário, que propõe que o homem pode redesenhar a sociedade pós-industrial com base em princípios ecológicos. Nesta cultura planetária regenerativa, a colaboração substituiria a competição e o materialismo das atuais sociedades. O debate é conduzido por cientistas, antropólogos e artistas engajados, e traz depoimentos de especialistas e de celebridades.

Alimentos S.A.
Documentário. Produção: Estados Unidos, 2008. Direção: Robert Kenner.

O documentário apresenta a realidade por trás das indústrias de alimentos, que dificultam ao máximo que os consumidores saibam a verdadeira origem do que estão comprando ou ingerindo. O filme revela que os animais são submetidos a uma vida de sofrimento, tortura e confinamento para servir ao consumo humano, e aborda a cadeia de produção, os alimentos transgênicos, as condições de trabalho nas fábricas, entre outros assuntos.

O dia depois de amanhã
Filme. Produção: Estados Unidos, 2004. Direção: Roland Emmerich.

O aquecimento global aciona a vinda de uma nova era glacial: tornados arrasam Los Angeles, um maremoto submerge Nova York e todo o hemisfério Norte começa a congelar. Um pequeno grupo de sobreviventes precisa enfrentar a tempestade e manter-se vivo para encarar a força da mãe natureza.

A era da estupidez

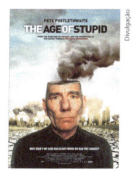

Filme. Produção: Reino Unido, 2009. Direção: Franny Armstrong.

O protagonista é um velho sobrevivente no devastado mundo de 2055. Ao analisar um arquivo com as tragédias ambientais ocorridas no início do século XXI, ele se pergunta por que os seres humanos não agiram para evitá-las e salvar o planeta. Mistura de ficção e realidade, o filme é um alerta para a destruição ambiental que realizamos no mundo e aponta a responsabilidade de cada indivíduo para contê-la.

Festival Internacional do Filme de Meio Ambiente (Fife)

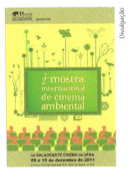

Este cartaz divulgou a 31ª edição do Festival Internacional do Filme de Meio Ambiente (Fife), que aconteceu na França, em 2014. As produções desse festival mostram os problemas e os desafios ambientais da atualidade. O portal do festival é <http://fife.iledefrance.fr> (em francês e em inglês). Acesso em: 15 fev. 2017.

Fluxo, por amor à água

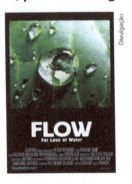

Documentário. Produção: Estados Unidos, 2008. Direção: Irena Salina.
O documentário trata dos problemas relacionados à privatização da água, abordando a poluição e degradação dos recursos hídricos e como as grandes empresas são responsáveis por essa situação. Ao mostrar o papel de multinacionais ou organizações internacionais, revela ainda como a indústria que se criou ao redor da água cria problemas de abastecimento e conservação em todo o mundo.

A história das coisas

O vídeo, disponível no portal YouTube, é resultado de mais de uma década de pesquisa sobre sistemas de produção de bens de consumo. A ativista ambiental Annie Leonard explora desde a extração de matérias-primas até o descarte de produtos. Disponível em: <www.youtube.com/watch?v=3c88_Z0FF4k>. Acesso em: 15 fev. 2017.

Home: nosso planeta, nossa casa

Documentário. Produção: França, 2009. Direção: Yann Arthus-Bertrand.

Filmado inteiramente de um ponto de vista aéreo pelo fotógrafo Yann Arthus-Bertrand, o documentário apresenta a fragilidade do planeta Terra ao mostrar que tudo nele está interligado. Um filme comovente e original, que visa sensibilizar e conscientizar sobre os males que o ser humano causou à Terra nas últimas décadas, para que possamos salvá-la.

Lixo extraordinário

Documentário. Produção: Brasil e Reino Unido, 2011. Direção: Lucy Walker.

O documentário explora a realidade dos catadores de lixo do Jardim Gramacho, que foi um dos maiores aterros do mundo, localizado no estado do Rio de Janeiro, e mostra como o elemento básico com o qual trabalham todos os dias – o lixo – pode se transformar em arte. Abordando o trabalho de Vik Muniz, artista plástico brasileiro que vive nos EUA, o filme expõe os impactos sociais e ambientais dos desperdícios gerados diariamente em toda a sociedade.

Mudança do clima, mudanças de vida
Documentário. Greenpeace.

Documentário produzido pelo Greenpeace Brasil sobre o aquecimento global, o efeito estufa, o impacto da ações do homem na natureza e os efeitos ambientais no Brasil. Disponível em: <www.youtube.com/watch?v=-xUt31hgYKQ>. Acesso em: 15 fev. 2017.

Uma verdade inconveniente
Documentário. Produção: Estados Unidos, 2006. Direção: Davis Guggenheim.
  O ex-vice-presidente dos Estados Unidos Al Gore apresenta uma análise da questão do aquecimento global, mostrando os mitos e equívocos existentes em torno do tema e também possíveis saídas para que o planeta não passe por uma catástrofe climática nas próximas décadas.

Agência Nacional de Águas (ANA)
www.ana.gov.br

Atitudes Sustentáveis
www.atitudessustentaveis.com.br

Brasil das Águas
http://brasildasaguas.com.br

Conselho Nacional da Defesa Ambiental (CNDA)
www.cnda.org.br

Desmatamento Zero (Greenpeace)
www.desmatamentozero.org.br

O Eco: notícias sobre meio ambiente, ecologia e sustentabilidade
www.oeco.org.br

EcoDesenvolvimento: sustentabilidade, meio ambiente, economia, sociedade e mudanças climáticas
www.ecodesenvolvimento.org

Ecologia urbana: notícias sobre desenvolvimento sustentável
www.ecologiaurbana.com.br

Envolverde: notícias sobre sustentabilidade no Brasil e no mundo
http://envolverde.com.br

Fundação Educar DPaschoal
www.educardpaschoal.org.br/web/leia-nossos-livros-ver.asp?cid=8

Fundação OndAzul
www.ondazul.org.br

Greenpeace
www.greenpeace.org/brasil/pt

Instituto de Pesquisa Ambiental da Amazônia (Ipam)
www.ipam.org.br

Mater Natura: Instituto de Estudos Ambientais
www.maternatura.org.br

Mude o Consumo para Não Mudar o Clima – Campanha do Instituto Brasileiro de Defesa do Consumidor (IDEC)
www.climaeconsumo.org.br

Pensamento Verde: meio ambiente e sustentabilidade
www.pensamentoverde.com.br

Portal do Meio Ambiente
www.portaldomeioambiente.org.br

Portal Pick-upau: central de educação e jornalismo ambiental
www.pick-upau.org.br

Rede das Águas (SOS Mata Atlântica)
www.rededasaguas.org.br

Revista Sustentabilidade: inovação para uma economia verde
www.revistasustentabilidade.com.br

WWF-Brasil
www.wwf.org.br

BIBLIOGRAFIA

ANELLI, Luiz Eduardo; ANDRADE, Fábio Ramos Dias de. *Colorindo a história da vida*. São Paulo: Oficina de Textos, 2003.

AYMONE, Sandra. *O fantasma dos vaga-lumes*. Campinas: Editora da Fundação Educar DPaschoal, 2004.

BEÍ. *Como cuidar do seu meio ambiente*. São Paulo: BEÍ, 2004. (Coleção Entenda e Aprenda.)

BENSUSAN, Nurit. *Meio ambiente*: e eu com isso? São Paulo: Editora Petrópolis, 2009.

BIZERRIL, Marcelo. *Savanas*. São Paulo: Saraiva, 2011. (Coleção Jabuti.)

DÍAZ, Luiz. *Num pequeno planeta*. São Paulo: Formato, 2012.

FORBES, Scott. *Como fazer um planeta*: como construir o planeta Terra do zero. São Paulo: V&R, 2012.

FUNDAÇÃO SOS MATA ATLÂNTICA; INSTITUTO NACIONAL DE PESQUISAS ESPACIAIS (INPE). *Atlas dos remanescentes florestais da Mata Atlântica*. São Paulo, 2011. Disponível em: <www.inpe.br/noticias/arquivos/pdf/atlasrelatoriofinal.pdf>. Acesso em: 15 fev. 2017.

GREEN, Jen. *Nosso ambiente*: reciclagem. São Paulo: Difusão Cultural do Livro, 2008.

GRIMM, Alice Marlene. *Meteorologia básica*: notas de aula. Disponível em: <http://fisica.ufpr.br/grimm/aposmeteo/cap1/cap1-2.html>. Acesso em: 15 fev. 2017.

INSTITUTO DE DEFESA DO CONSUMIDOR. *Consumo sustentável*: manual de educação. Brasília: Consumers International/MMA/MEC/IDEC, 2005.

JATOBÁ, Roniwalter. *Rios sedentos*. São Paulo: Nova Alexandria, 2006.

KAHN, Suzana; AZEVEDO, Tasso. *A nova realidade da mudança climática*: do IPCC à COP-19 do clima. São Paulo: Abril/Planeta Sustentável, 2013. Disponível em: <http://planetasustentavel.abril.com.br/pdf/nova-realidade-mudanca-climatica.pdf>. Acesso em: 15 fev. 2017.

LADEIRA, Julieta de Godoy. *Até mais verde*. São Paulo: Atual, 1999.

_____. *O jogo de não jogar*: uma história contra o desperdício. São Paulo: Atual, 2011.

LUCAS, Derek; LUCAS, Ângela. *Em foco*: água. Rio de Janeiro: Record, 1976.

LUCCI, Elian Alabi et al. *Território e sociedade no mundo globalizado* – Ensino Médio. São Paulo: Saraiva, 2013. v. 1.

MANNING, Mick; GRANSTRÖN, Brita. *A aventura de uma garrafa*. São Paulo: Ática, 2013.

MATTOS, Neide Simões de; GRANATO, Suzana Faccini. *Regiões litorâneas*. São Paulo: Atual, 2009. (Coleção Projeto Ciência.)

MATTOS, Neide Simões de; GRANATO, Suzana Facchini. *Terra em alerta*. São Paulo: Saraiva, 2010.

MASOLDO, Ana. *Educação ambiental urbana*: reflexão e ação. Belo Horizonte: Editora do Autor, 2005.

NARVAES, Patrícia. *Dicionário ilustrado de meio ambiente*. São Caetano do Sul: Yendis, 2011.

NORMAN, Zysman. *Era verde?* Ecossistemas brasileiros ameaçados. São Paulo: Atual, 2013.

OLIVEIRA, Déborah. *O solo sob nossos pés*. São Paulo: Atual, 2010. (Coleção Projeto Ciência.)

PINTO, Erika; MOUTINHO, Paulo; RODRIGUES, Liana; FRANÇA, Flávia; MOREIRA, Paula; DIETZSCH, Laura. *Perguntas e respostas sobre aquecimento global*. 4. ed. Belém: Ipam, 2009.

RIOS, Eloci Peres. *Água*: vida e energia. São Paulo: Atual, 2004. (Coleção Projeto Ciência.)

SÁ, Alessandro de. *Somos os senhores do planeta*. Coronel Fabriciano, MG: RM Distribuidora, 2013.

SCHNEIDER, Stephen H. (Ed.). *Encyclopedia of Climate and Weather*. 2. (Ed.). Nova York: Oxford University Press. v. 2. p. 817-823.

SECCO, Patrícia Engel. Coleção 5S. Campinas: Editora da Fundação Educar DPaschoal, s/d. Disponível em: <www.educardpaschoal.org.br/web/leia-nossos-livros-ver.asp?cid=8>. Acesso em: 15 fev. 2017.

STEENBOCK, Walter; VEZZANI, Fabiana Machado. *Agrofloresta*: aprendendo a produzir com a natureza. Curitiba: UFPR/Nepea, 2013. Disponível em: <www.dsea.ufpr.br/publicacoes/agrofloresta_aprendendo_a_produzir_com_a_natureza.pdf>. Acesso em: 15 fev. 2017.

USBERCO, João et al. *Companhia das Ciências*: 6º ano. São Paulo: Saraiva, 2011.

WWF-BRASIL. *Salve o planeta do aquecimento global*. Rio de Janeiro: Infoglobo Comunicações/WWF-Brasil, 2007.

O AUTOR

ELIAN ALABI LUCCI é autor de livros didáticos de geografia, história e astronomia. É licenciado e bacharel em Geografia pela Pontifícia Universidade Católica de São Paulo (PUC-SP), professor da rede particular de ensino do estado de São Paulo, especialista em História, Geografia e Turismo pela Faculdade e Colégio Dom Bosco (FAECA-SP), diretor da seção de Bauru da Associação dos Geógrafos Brasileiros e professor de Geologia nos cursos de Geografia e Biologia no Ensino Superior.

É diretor da revista *Arvo Comunicación*, da Universidade de Salamanca, na Espanha, secretário do conselho editorial dos Cadernos Personalistas do Centro Interdisciplinar de Ética e Economia Personalista (Cieep), membro fundador da Società Internazionale Tommaso d'Aquino (Sita) e membro do conselho editorial do portal Encuentra.com.

Coleção Projeto Ciência

Novo projeto gráfico e nova ortografia

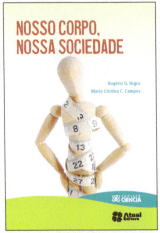
Nosso corpo, nossa sociedade

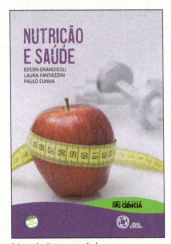
Nutrição e saúde

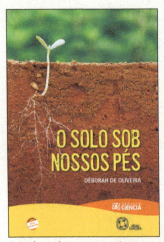
O solo sob nossos pés

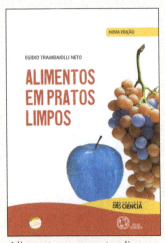
Alimentos em pratos limpos

Os segredos do sistema solar

Os segredos do universo

Outros títulos da coleção Projeto Ciência

A dinâmica do corpo humano

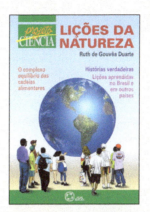
Lições da natureza

A fascinante aventura da vida

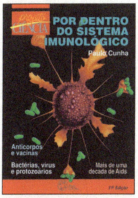
Por dentro do sistema imunológico

Água: vida e energia

Química em casa

DNA e engenharia genética

Viagem ao interior da matéria

VIDA E SUSTENTABILIDADE
Elian Alabi Lucci

SUPLEMENTO DE ATIVIDADES

Nome: _____

Escola: _____ Ano: _____

1. Relacione a degradação do meio ambiente com as atitudes do ser humano em relação ao tema. Qual seria, em sua opinião, a atitude mais racional a ser seguida?
   _____
   _____
   _____

2. O efeito estufa é bom ou ruim para o planeta? Justifique sua resposta.
   _____
   _____
   _____
   _____

3. Leia o texto a seguir e responda às questões propostas.

Aquecimento global

*Todo mundo já deve ter visto falar na TV, ouvido no rádio ou visto na internet alguma coisa sobre o **aquecimento global**.*

Desde o seu surgimento, a Terra tem passado por constantes mudanças de temperatura, em ciclos de milhares de anos de aquecimento e glaciação causados por fenômenos naturais. A partir da Revolução Industrial, o planeta passou a enfrentar uma nova realidade: a mudança de temperatura causada pelo homem por meio da poluição, conhecida como aquecimento global.

O aquecimento global é um fenômeno climático de larga extensão — um aumento da temperatura média superficial global que vem acontecendo nos últimos 150 anos. Causas naturais ou antropogênicas (provocadas pelo homem) têm sido propostas para explicar o fenômeno.

A principal consequência é o aquecimento do clima da Terra, provocando o aumento da temperatura dos oceanos e o derretimento das geleiras. Ondas de calor inéditas. Furacões avassaladores. Secas intermináveis onde antes havia água em abundância. Enchentes devastadoras. Extinção de milhares de espécies de animais e plantas. Incêndios florestais. Derretimento dos polos. E toda a sorte de desastres naturais que fogem ao controle humano.

O controle das emissões de gases na atmosfera é imprescindível. Há muitos fatores que determinam o clima: os principais ocorrem na atmosfera, na crosta terrestre, nas geleiras, nos oceanos, na biosfera, nos gases e ou são efeitos da atividade humana.

E o que tem provocado o aumento excessivo de emissão de gases de efeito estufa na atmosfera? Em grande parte as atividades humanas, em busca do desenvolvimento econômico, do conforto e das comodidades da vida moderna.

[...]

Disponível em: <www.smartkids.com.br/especiais/aquecimento-global.html>. Acesso em: 01 set. 2014. Adaptado.

a) O que podemos fazer para combater o aquecimento global?

_____
_____

b) O aquecimento global é um grave problema ambiental que o mundo precisa enfrentar. Qual costuma ser a atitude das pessoas diante desse grave problema?

_____
_____

4. Leia o texto a seguir e faça o que se pede.

Convenção de Viena

Uma conferência foi feita em 1985, após o encontro de 1983 da Agência de Proteção Ambiental (EPA): foi a Conferência de Viena, para a proteção da camada de ozônio. Ela representou um acordo histórico entre 20 nações para acabar com a produção de substâncias que danificam o ozônio. Embora não abordasse especificamente a produção e uso de CFCs e não representasse um acordo vinculativo legal, a Convenção de Viena de 1985 foi um projeto inicial significativo que tentou parar a destruição do ozônio.

Protocolo de Montreal

Após o sucesso da Convenção de Viena de 1985, em setembro de 1987, 43 países do mundo assinaram o protocolo de Montreal, um tratado internacional pedindo a eliminação de todos os CFCs não essenciais. O principal objetivo do Protocolo de Montreal era restaurar integralmente a camada de ozônio empobrecida da Terra até 2050. Em 2011, mais de 196 países e estados pelo o mundo ratificaram o acordo, tornando-o um dos mais famosos tratados na história mundial.

Pesquise:

a) Qual é a ação dos CFCs na camada de ozônio?

_____
_____
_____